운을 잡으세요

| 개운비법 |

김찬동 金讚東

· 1950년 경북 달성 출생, 장로교신학대학교 졸업
· 한국추명학회 정회원 · 광진구 지부장, 한국역술학회 정회원
· 추명학 연구와 동양철학 학술연구로 감사패와 표창장을 여러 차례 받음
· 수년간 성경 · 불경 · 논어 · 명리학 연구
· 현재 역산철학원 원장
　일본 동경 · 경도 등을 여행하며 일본풍수학 연구 중

저서에는『역산성명학』(삼한),『이렇게 하면 좋은 운이 온다』(삼한),『복을 부르는
방법』(삼한),『연해자평정설』(정음),『명리정설』(정음),『팔자고치는 법』(미래문화
사),『나도 돈 벌 수 있다』(생각하는백성),『사주운명학의 정설』(명문당),『운명으로
본 인생』(명문당) 등이 있다.

전화 02)455-3204 | 016-9292-3207

운을 잡으세요 · 개운비법

1판 1쇄 인쇄일 | 2007년 5월 16일
1판 1쇄 발행일 | 2007년 5월 26일

발행처 | 삼한출판사
발행인 | 김충호
지은이 | 김찬동

신고 연월일 | 1975년 10월 18일
신고 번호 | 제305-1975-000001호

4411-776 경기도 고양시 일산서구 일산동 1654번지
산들마을 304동 2001호

대표전화 (031) 921-0441
팩시밀리 (031) 925-2647

값 10,000원
ISBN 978-89-7460-119-5　03180

신비한 동양철학 · 76

운을 잡으세요
| 개운비법 |

김찬동 지음

삼한

염력(念力)이 강한 사람은 운명을 개척하며 행복하게 살고, 염력이 약한 사람은 운명의 노예가 되어 불행하게 살아간다. 때문에 행복과 불행은 누가 주는 것이 아니라 자기 자신이 만든다고 할 수 있다. 즉 모든 문제는 자신이 마음먹기에 달려있는 것이다. 한 마디로 말해서 의지의 힘, 즉 염력이 자신의 운명을 바꾸는 것이다.

사회생활을 하다보면 폭력배도 만나고 나쁜친구도 만난다. 요즘은 학교폭력도 심상치 않고, 가정에서는 자식의 폭력도 많이 일어나고, 직장에서는 상사나 동료의 음모로 억울한 누명을 쓰기도 하고, 이웃과 불화하는 등 여러 가지 문제가 많다. 이러한 문제들에 어떻게 대처할 것인가? 답은 '염력을 강화시켜야 한다'고 말하고 싶다.

사람은 누구나 행복한 가정을 꾸리기를 원하고, 마음에 드는 사람에게 어떻게 청혼해야 할까를 고민하고, 돌아선 애인의 마음을 돌리려고 고민하고, 바람둥이 남편 때문에 애태우는 경우도 의외로 많고, 싫은 사람과 이별하고 싶고, 사랑하는 애인에게는 인기를 얻고 싶고, 삼각관계를 청산하고 싶고, 성적으로 고민하는 사람도 많고, 출세와 성공을 염원하고, 부자가 되고 싶어 한다.

이 책에서는 이러한 모든 문제의 해답을 말해준다. 누구나 가벼운 마음으로 읽고 실천한다면 반드시 목적을 이룰 수가 있을 것이다. 독자여러분들의 소원성취를 바라며 ….

역산 김찬동

제3장. 출세와 성공하는 비법 · 103

제4장. 성격을 바꾸는 비법 · 185

제1장. 운명을 개척하는 비법

1. 모든 문제는 마음먹기에 달렸다

어느날 이시구로는 40대 초반의 남자를 안내했다. 다나까라는 사람이었는데 정말 운명을 개척할 수 있느냐며 자신의 생년월일을 말했다.

■ **다나까 : 건명(乾命)**

년	월	일	시							
辛	庚	壬	癸		己	戊	丁	丙	乙	甲	癸
丑	寅	辰	卯		丑	子	亥	戌	酉	申	未

역 산 : 조금만 지나면 돈도 많이 벌고 남부럽지 않게 살게 될 거
요. 아내복이 없어 부부간에 많이 다투는 것이 문제인데,

참고 양보하세요.

다나까 씨는 이해가 안 된다는 듯 고개를 갸웃대며 말했다.

다나까 : 저는 열심히 노력합니다. 그런데 아직 내집 마련도 하지
　　　　 못하고 전세로 전전하고 있습니다.

다나까 씨는 금년 39세이다. 시골에서 자라 동경에서 대학을 나왔
다. 학창시절 성적은 상급이었고, 중소기업에 들어가 과장까지 승
진하는 등 평범한 회사원이었다. 그러나 아내복이 없어서인지 부부
간에 싸움이 잦았고 애정이 별로 없었다. 그로 인해 술값이 많이
나가 돈이 모이질 않았다. 아내는 낭비벽이 심한 편이였다. 마흔을
바라보는 데도 아직 변변한 집이 없어 의기소침한 상태였다. 그는
원래 역학이니 사주니 운명이니 하는 것에 관심이 없는 편이었다.
그러나 일이 꼬이다보니 친구 소개로 반신반의하며 온 것이다. 더
구나 한국에서 온 유명한 역술가란 말에 호감이 갔던 모양이다.

역　산 : 운명은 분명히 있고 개척할 수 있습니다. 춘하추동의 이
　　　　 치나 인간의 생로병사는 하늘이 하시는 일이라 인간이 간
　　　　 섭할 수 없는 영역입니다. 그러나 노력하는 것은 인간의
　　　　 책임입니다. 문제는 당신 자신에게 있습니다. 운명은 스스
　　　　 로 열어가야 합니다. 개운은 분명히 가능합니다. 하늘은
　　　　 스스로 돕는 자를 돕는다고 하지 않습니까. 그리고 세상
　　　　 만사는 모두 인과응보의 법칙 에 따라 일어나고, 길흉화

복도 알고 보면 모두 자신이 지어 자신이 받지요.

하며 개운비법과 인간의 책임에 대한 글을 써주며 해설해주었다.

■ 개운비법(開運秘法)

대운재천 소운재인(大運在天 小運在人)

심신작용 자신개운(心身作用 自身開運)

운종심기 심변개운(運從心起 心變開運)

천지대은 공평무사(天地大恩 公平無私)

만사만리 인과응보(萬事萬理 因果應報)

길흉화복 자업자득(吉凶禍福 自業自得)

큰 운은 하늘에 달려 있고 작은 운은 인간의 노력에 달려 있다.

마음과 몸의 작용에 따라 자기 자신이 운명을 개척한다.

운세는 마음을 따라 일어나니 마음이 변하면 개운된다.

태양이 골고루 비추듯 천지의 큰 은혜는 공평하여 사(私)가 없다.

세상만사의 모든 사리는 인과응보의 법칙에 따라 일어난다.

길흉화복도 알고 보면 모두 자신이 지어 자신이 받는다.

2 의지가 운명을 바꾼다

다나까 : 그럼 구체적으로 제가 어떻게 해야 지금의 어려움에서

벗어날 수 있습니까?

역산은 종이에다 '운종심기 심변개운(運從心起 心變開運)'이라는 글을 또 썼다.

역　산 : 운이란 사람의 마음을 따라 일어나는 것이라 마음이 변하면 바뀌지요. 즉 악심을 품은 사람에게는 흉운이 따르고 선심을 가진 사람에게는 길운이 따르는 것입니다.

다나까 : 마음을 바꾸는 것이 중요하군요.

역　산 : 그렇습니다. 인간은 자신의 의지에 따라 운명이 새롭게 개척되지요. 개과천선이나 회개반성은 다 마음을 바꾸기 위한 비법입니다. 인간은 신이 창조한 생명체 중에서도 가장 존엄하고 훌륭한 존재입니다. 그 훌륭함은 인간에게만 주어진 의지에 의해 생기는 것이지요.

다나까는 「의지능력 비법」을 메모했다.

① 인간은 자신의 의지에 의해 운명을 새롭게 개척할 수 있다.

② 인간은 신의 창조물 가운데 가장 훌륭한 만물의 영장이다.

③ 운이란 마음을 따라 일어나니 마음이 변하면 개운된다.

④ 잘못을 반성하며 선행하면 운명은 개운된다.

다나까 : 그럼, 그 의지의 힘을 어떻게 해야 가질 수 있나요?

역　산 : 사람이라면 누구나 다 갖고 있는 마음의 힘, 즉 염력입니다. 당신의 인생을 여는 원동력은 바로 염력입니다. 이 염력에 의해 소원은 반드시 이루어집니다.

다나까는 고개를 끄덕였다.

■ 염력작용(念力作用)

염력작용 행복개문(念力作用 幸福開門)

염력능력 상상초월(念力能力 想像超越)

비밀독송 백배효과(秘密讀誦 百倍效果)

일심염력 기적창출(一心念力 奇蹟創出)

염력은 기적을 발휘하니 인생의 행복한 문을 연다.

염력의 능력이란 인간의 상상을 초월하는 큰 기이다

축원문은 아무도 모르게 혼자 독송해야 효과가 크다.

일심의 염력이 흉운을 길운으로 바꾸는 기적을 만든다.

다나까 : 염력의 힘이 매우 중요하군요.

역 산 : 염력이 행복의 문을 열어줍니다. 염력의 힘이란 상상을
초월합니다. 대성한 사람들은 다 이 염력을 강화시켰기
때문입니다. 염력을 많이 독송하면 당신도 운세가 크게
개운됩니다. 축원이나 염불이나 축원문을 독송하는 것은
모두 염력을 강화시키기 위한 것이지요. 염력을 강화시키
는 축원문은 남모르게 독송해야 효험이 큽니다. 즉 일심
의 염력이 자기 자신의 모든 길흉화복을 좌우합니다.

다나까 : 그럼 축원문에는 어떤 것이 있나요?

역　산 : 축원문은 그 문제의 내용에 따라 다릅니다. 예를 들어 건강이 약한 사람에게는 건강해지는 축원문이 필요하고, 당신처럼 부부갈등이 심한 사람에게는 부부간에 화합하는 축원문이 필요하고, 사업으로 고전하는 사람은 사업이 발전하는 축원문이 필요하지요.

　하며 천문(天文)과 소원성취축원문(所願成就祝願文)을 하나씩 써 주었다.

역　산 : 이 천문은 큰 축원문입니다. 천지부모님이 도와주시기를 기원하는 축원문이고, 수호신령님이 도와주시기를 기원하는 힘이 강한 축원문입니다. 많이 독송하세요. 소원성취축원문도 함께 독송하면 더 좋습니다.

■ 천문(天文)

천지부모내조아(天地父母來助我)

수호신령내조아(守護神靈來助我)

옴… 급급여율령(옴… 急急如律令)

창조주이신 천지부모님 도와주시옵소서.

나의 수호신이신 수호신령님 도와주시옵소서.

제가 지금 어려우니 빨리 빨리 도와주시옵소서.

■ 소원성취문(所願成就祝願文)

심신건강 부부화합(心身健康 夫婦和合)

사업발전 출세승진(事業發展 出世昇進)

부귀영화 두뇌총명(富貴榮華 頭腦聰明)

재물충만 업장소멸(財物充滿 業障消滅)

수명장수 운수대통(壽命長壽 運數大通)

자손번창 만사형통(子孫繁昌 萬事亨通)

재수소망 소원성취(財數所望 所願成就)

추길피흉 선연상봉(追吉避凶 善緣相逢)

마장불침 신명가호(魔障不侵 神明加護)

몸과 마음이 건강하기를 원하오며

부부간에 화합하기를 원하오며

사업이 크게 발전하기를 원하오며

남보다 먼저 출세승진하기를 원하오며

부귀영화를 많이 누리기를 원하오며

두뇌는 총명한 지혜 얻기를 원하오며

재물은 산같이 충만하기를 원하오며

전생의 업장은 소멸되기를 원하오며

수명은 건강하게 장수하기를 원하오며

운수는 크게 대통하기를 원하오며

자손은 번창하여 만당하기를 원하오며

만사는 막힘이 없이 형통하기를 원하오며

재수소망이 항상 따르기를 원하오며

소원은 다 이루기를 원하오며

길복은 들어오고 흉화는 사라지기를 원하오며

선한 인연을 만나기를 원하오며

마장은 침범하지 못하기를 원하오며

천지신명의 가호가 있기를 원하나이다.

다나까 : 그럼, 제 사주를 좀더 자세히 봐주세요.

역 산 : 우선 성격운을 보니 비교적 원만구족하며 인자하고 후덕합니다. 또 관대하며 포용심이 많고 지혜도 총명합니다.

다나까 : 선조와 인연이 많다고 하셨는데 어느 선조인가요?

역 산 : 아버지계의 6·11대 선조가 도와주십니다. 때문에 수명이 길고 대기만성으로 성공할 수 있습니다.

다나까 : 그럼 흉한 인연은 없나요?

역 산 : 흉한 인연이 없는 사람은 없어요. 당신은 아버지계의 4대 선조가 남을 모함하고 질투한 업장이 있습니다. 그래서 모함을 당하거나 질투를 많이 받을 수 있습니다.

다나까 : 그래요? 그럼 어떤 직업에 종사하면 성공할 수 있을까요?

역 산 : 직업운을 보니 회사원도 좋고, 의사·약사·평론가·기사·봉사업·건강업 등도 좋습니다. 그리고 철물·자동차·금융·금은·시계·보석 등도 좋네요.

다나까 : 어떤 사람과 동업하면 좋을까요?

역 산 : 좋은 인연은 6·7·8월생이고 다음은 10·11월생입니다.

다나까 : 그럼 동업을 피해야 할 사람은 누구입니까?

역 산 : 12·1·2월생이 흉한 인연으로 동업은 불리합니다.

다나까 : 언제가 좋은가요?

역산 : 지지(地支)로 볼 때는 미(未)·신(申)·유(酉)년이고, 천간
(天干)으로 볼 때는 경(庚)·신(辛)년입니다.

다나까 : 조심해야 할 때는 언제인가요?

역 산 : 지지(地支)로 보면 축(丑)·인(寅)·묘(卯)년이고, 천간
(天干)으로 보면 갑(甲)·을(乙)년입니다.

다나까 : 저는 간이 좋지 않은데 건강은 어떤가요?

역 산 : 인(寅)월생인데다 인묘진(寅卯辰) 방합(方合)으로 목기
(木氣)가 태왕하여 간담·안목·두통·신경 등에 질병이
따를 수 있으니 조심해야 합니다. 그리고 용신(用神)이
경금(庚金)이니 호흡기나 골격, 대장 등에도 급성질병이
따를 수 있어요. 만성질병은 기신(忌神)에 의해 생기는
고질병이고, 급성질병은 용신(用神)이 충파극해(沖破剋
害)를 당할 때 생기는 일시적인 병입니다. 따라서 급성질
병은 쉽게 치료되지만 만성질병은 좀처럼 치료하기 어렵
습니다. 만성질병은 치료해도 곧 재발하는 난치병입니다.

다나까 : 그러니까 만성질병은 선조에게 물려받은 것이고, 급성질
병은 후천적으로 생긴 병이라고 이해해도 되겠군요. 잘

알겠습니다. 그럼 부부운은 어떤가요? 많이 싸우는데….

역　산 : 부부운은 일지(日支)로 봅니다. 부부운은 진토(辰土)가 구신(仇神)에 해당하여 불리합니다. 40%만 길하고 60%는 흉하여 많이 싸우는 것입니다. 전생의 업장이 소멸되지 않아서인데 계속 공덕을 쌓으면 액난을 모면할 수 있습니다. 부부사이에 장벽이 있어 자주 싸우지만 인내하면 회복할 수 있습니다.

다나까 : 부모운은 어떤가요?

역　산 : 부모운은 인성(印星)으로 봅니다. 즉 편인(偏印)과 인수(印綬)입니다. 인성(印星)이 용신(用神)에 해당하니 부모운은 좋은 편입니다. 초년에는 부모님의 사랑을 많이 받았고, 소학교 다닐 때는 1등을 여러 번 했군요. 부모운이 좋아 총명하며 재능이 많고 천재라는 소리도 들었습니다.

다나까 : 예, 그래요. 학교다닐 때만 해도 크게 되는 줄 알았는데 결혼한 이후부터 내리막길입니다. 사업운은 있나요?

역　산 : 사업운은 재성(財星)운의 길흉으로 보는데 당신 사주에는 아주 약합니다. 때문에 사업가로는 크게 성공하기 어렵습니다. 인성(印星)이 용신(用神)이니 사업보다는 교육계나 공무원이 더 좋습니다. 아니면 회사원으로 만족하세요.

다나까 : 역시 저는 돈복은 없나보군요. 그럼 자녀운은 어떤가요?

역　산 : 자녀운은 별로 좋지 않습니다. 자녀 근심이 따르고 자랑할만한 자식은 없을 겁니다. 그냥 평범하지요.

다나까 : 그렇군요. 그럼 수호신은 어느 신명인가요?

역 산 : 북두칠성신입니다. 칠성신을 모시고 축원을 많이 하면 효
험을 볼 것입니다.

다나까 : 좋은 음식은 어떤 것인가요?

역 산 : 철분이 많이 들었거나 백색 음식이 좋고, 또 매운맛도 길
합니다. 멸치나 두부, 양파가 좋습니다.

다나까 : 인연이 좋은 지역은 어디인가요?

역 산 : 돌산이나 바위산이 좋으니 등산을 자주하면 좋습니다. 또
보석이나 수석이 길하고, 석탑을 집에 두어도 좋습니다.
그리고 토(土)·중(中)·산(山)·황((黃)·신(信)·열
(熱)·고(高)· 무(戊)·기(己)·진(辰)·술(戌)·축
(丑)·미(未)·금(金)·서(西)·추(秋)·백(白)·의
(義)·양(羊)·차(車)·경(庚)·신(辛)· 신(申)·유(酉)
자 등이 들어간 곳에 살면 좋습니다.

다나까 : 좋은 방위는요?

역 산 : 서방이 제일 좋고 다음은 남서와 북서입니다. 잠을 잘 때
도 머리를 이쪽으로 두고 자면 운이 좋아집니다.

다나까 : 색상운은 어떤가요?

역 산 : 백색·황색·군청색이 좋습니다. 이런 색으로 된 물건을
지니고 다니면 유리하지요.

다나까 : 길한 수리는 무엇인가요?

역 산 : 가장 길한 숫자는 4와 9이고, 다음은 5와 10, 그 다음은 1

과 6입니다. 통장 비밀번호나 전화번호에 쓰면 좋습니다.

다나까 씨는 감사하다는 인사를 하고 돌아갔다.

3. 폭력배에게 몸을 지키는 비법

다나까 씨가 돌아가고 20대 후반 정도로 보이는 미모의 여인이 들어와 한숨을 푹푹 내쉬며 물었다.

■ **안도(安藤) : 곤명(坤命)**

년	월	일	시								
癸	乙	庚	辛	丙	丁	戊	己	庚	辛	壬	癸
丑	卯	午	巳	辰	巳	午	未	申	酉	戌	亥

안도 : 저는 왜 이렇게 남자들에게 고난을 당하는지 모르겠어요.

역산 : 무슨 일을 얼마나 당했길래요? 사주를 보니 남자운이 좀 복
　　　잡하군요. 남자들에게 고난을 많이 당할 팔자입니다.

안도 씨는 올해 28세이며 회사원이다. 그녀는 종종 모르는 남자들에게 끌려가 성폭행을 당했다. 마치 연중행사처럼 일 년에 몇 차례씩 그랬던 것이다. 어제도 친구의 집에서 돌아오는 길에 여러 명의 폭력배를 만나 숲 속으로 끌려가 당했다. 부끄러워 누구한테 말도 못하고 혼자 끙끙 앓다가 친구 소개로 찾아온 것이다.

안도 : 저처럼 남자의 액난이 많은 사람은 어떻게 살아가야 하나요? 남자만 보면 겁부터 나요.

역산 : 첫째, 위험한 곳은 가까이 가지 말아야 합니다. 군자택좌(君子擇坐)란 말이 있지요. 군자는 자리를 가려 앉는다는 뜻입니다. 마찬가지로 위험한 곳은 가지 않는 것이 상책이지요.

안도 : 위험한 장소에 가지 않는 것이 상책이군요. 그럼 또 다른 방법은 없나요?

역산 : 위험할 때는 소리를 질러야 합니다. 대개 여성들은 부끄럽다고 성폭력을 당하면서도 조용히 있는 경우가 많은데, 그러면 안됩니다. 무조건 소리를 크게 지르면 범인은 당황하여 도망가지요. 특히 버스나 지하철 등에서는 소리를 크게 지르면 주위 사람들의 도움을 받을 수 있습니다.

안도 : 정말 그렇군요. 용기가 필요하군요. 저도 지하철 안에서 당한 적이 여러 번 있어요. 또 다른 비법은 없나요?

역산 : 위험하다고 판단되면 택시를 이용하는 것도 좋은 방법입니다. 택시를 탈 때는 반드시 차량번호를 적어두고요.

안도 : 그럼 택시가 없을 때는 어떻게 하면 좋을까요?

역산 : 택시가 없을 때는 무리하게 집에 가려고 하지 말고 안전한 곳에 들어가 머무는 것이 좋습니다. 그리고 집이나 가족에게 현재의 위치를 알려주십시오.

안도 : 요즘은 여성들이 호신술을 많이 배운다는데 어떻습니까?

역산 : 물론 좋지요. 그러나 호신술만 믿으면 안됩니다. 매사 신중

하게 안전할 수 있도록 노력해야 합니다.

안도 : 사건이 일어나지 않았으면 좋겠어요.

역산 : 사건이 일어나지 않게 하려면 먼저 화근을 만들지 말아야
 합니다. 자업자득이라는 말이 있듯이 모든 일은 자기가 지
 어 받는 것이니까요.

안도 : 맞아요. 생각해보면 자업자득이라는 말이 딱 맞네요.

역산 : 그리고 돈을 쉽게 생각하여 함부로 빌리지 말아야 합니다.
 사람이 빚을 지면 그 때부터 운세가 꼬이기 시작합니다. 단
 돈 10원이라도 빚이 없어야 합니다.

안도 : 빚을 지는 것이 그렇게 나쁘군요.

역산 : 또 악당들을 만났을 때도 너무 겁먹지 말고 태연자약하는
 태도가 필요합니다. 악당들도 보기보다는 겁이 많은 소인배
 들입니다. 태연자약하면 악당들도 두려워하며 물러갑니다.

안도 씨는 「폭력배에게 몸을 지키는 비법」을 메모했다.

① 밤길이나 위험한 장소는 피하는 것이 상책이다.

② 위험하면 부끄러워하지 말고 무조건 크게 소리 지른다.

③ 위험하다고 생각되면 택시를 이용하고 차량번호를 외워둔다.

④ 차가 없을 때는 안전한 곳에 머물며 가족에게 알린다.

⑤ 호신술을 너무 믿고 방심하는 것은 절대금물이다.

⑥ 화근이 될 수 있는 사건을 만들지 않는 것이 제일 좋다.

⑦ 남의 돈을 쉽게 생각하여 함부로 빌리지 말라.

⑧ 위협을 당해도 겁먹지 말고 태연자약하라.

안도 : 제 사주는 어떤가요?

역산 : 먼저 성격운을 보면, 성격은 사주에서 가장 중심이 되는 일
간(日干)으로 봅니다. 당신의 일간(日干)은 경금(庚金)입니
다. 그래서 자신감이 강하여 잘난척하고, 기량이 좋아 재주
를 자만합니다. 그러나 의리가 있고 경우가 바릅니다. 또 매
사 전진적이며 적극적이고 활발하지요. 시대의 흐름을 잘
파악하여 변화와 갱신을 잘하기도 합니다. 그러나 매사 성
숙하기 전에 성과를 스스로 평가하려는 경향이 있습니다.

안도 : 성격운은 딱 맞아요. 그럼 선조운은 어떤가요?

역산 : 아버지계의 5대와 10대 선조님이 항상 도와주십니다. 그 선
조의 덕분으로 앞으로 잘 살 수 있습니다.

안도 : 그래요? 그럼 흉한 인연의 선조도 있나요?

역산 : 누구나 있지요. 당신은 아버지계의 3·8·13대 선조가 시기
질투를 많이 한 업장이 있습니다. 그래서 소화기나 간장, 담
에 질병이 생길 것입니다.

안도 : 그럼 남자의 난이 많은 것은 왜 그런가요?

역산 : 남자의 액난은 어머니계의 선조가 구업(口業)을 많이 저질
렀기 때문입니다.

안도 : 어머니께 외할아버지가 욕쟁였다는 말을 들었어요. 저는 어
떤 사람과 인연이 좋은가요?

역산 : 7·8·9월생과 좋습니다. 이런 사람과 결혼이나 동업을 하면 유리합니다. 그러나 1·2·3월생은 흉합니다.

안도 : 부부운은 어떤가요?

역산 : 일지(日支)에 오화(午火)가 들고 기신(忌神)에 해당하니 남편에게 고통을 많이 받으며 살아갈 팔자입니다.

안도 : 평소에는 잘 해주다가 화가 나면 주먹이 날아오지요. 남편을 이해할 수가 없어요.

 안도 씨는 분노에 찬 표정을 지었다.

안도 : 평생운을 봐주세요. 먼저 초년운은 어떤가요?

역산 : 초년운은 50%는 길하고 50%는 흉하니 반길반흉입니다. 길한 가운데 소소한 흉함이 따르는 운세입니다. 그러나 초년은 대개 부모의 운세를 많이 따르지요.

안도 : 그럼 중년운은 어떤가요?

역산 : 중년은 환경이 나빠 슬픔은 많고 기쁨은 적습니다. 매사 막힘이 많으니 참아야 합니다. 60% 흉하고 40%만 길합니다.

안도 : 그럼 말년은요?

역산 : 말년은 좋군요. 곳곳에서 재물이 들어오니 즐겁고, 모든 귀인들이 도와주니 희희낙낙입니다. 의식주가 풍족합니다.

 말년운이 좋다는 말에 안도 씨는 입가에 미소를 지었다.

안도 : 그래도 말년이 좋다니 안심이 되네요. 그럼 어떤 직업을 가지면 돈을 많이 벌 수 있을까요?

역산 : 사람이 살아가는데 무엇보다 중요한 것은 직업입니다. 직업

은 천직을 선택해야 성공할 수 있습니다. 천직이란 타고난 소질과 성격과 취미를 말합니다. 당신의 운으로 보면 독립사업이 좋고, 변호사·의사·기자 등의 자유업도 좋습니다.

안도 : 기술직은 어떤가요?

역산 : 특수한 기술을 배우는 것도 좋습니다.

안도 : 소자본으로 자영업을 한다면 어떤 것이 좋을까요?

역산 : 금은·시계·보석·기계·악세사리 등이 좋습니다.

안도 : 좋은 때는 언제인가요?

역산 : 토금(土金)이 길신(吉神)이니 천간(天干)으로 보면 무(戊)·기(己)·경(庚)·신(辛)년이 좋고, 지지(地支)로 보면 진(辰)·미(未)·술(戌)·신(申)·유(酉)년이 좋습니다.

안도 : 색상은 어떤가요?

역산 : 황색과 백색이 길한 색상입니다.

안도 : 방위운은 어떤가요?

역산 : 서방·남서방·북서방위가 좋습니다.

안도 : 수리운은 어떤가요?

역산 : 4·9·5·0이 좋은 수리입니다.

안도 : 어떤 글자가 들어간 곳에 사는 것이 좋은가요?

역산 : 토(土)·중(中)·산(山)·황(黃)·신(辛)·무(戊)·기(己)·진(辰)·술(戌)·축(丑)·미(未)·금(金)·서(西)·추(追)· 백(白)·의(義)·차(車)·경(庚)·신(辛)·신(申) 등입니다.

안도 : 건강운은 어떤가요?

역산 : 만성질병은 간담·신경·소화기·두통이고, 급성질병은 호흡기·대장·골격입니다.

안도 : 인연이 좋은 물건은 무엇입니까?

역산 : 흙·화분·벽돌·금속·시계·선풍기·반지·열쇠·차·금·은·보석 등입니다.

4. 폭력배의 위협에서 벗어나는 비법

안도 씨는 기뻐하며 형제나 친구들의 문제를 질문했다.

■ **안도 씨 오빠 : 건명(乾命)**

　년　월　일　시

　戊　丙　戊　庚　　　丁戊己庚辛壬癸

　戌　辰　午　申　　　巳午未申酉戌亥

안도 : 오빠가 남의 돈을 갚지 못하여 폭력배들에게 끌려가 심한 폭행을 당했습니다. 오빠가 잘못했기 때문에 하소연도 못하고 걱정입니다. 방법이 없을까요?

역산 : 부당한 위협을 당하지 않으려면 먼저 빌미를 만들지 말아야 합니다. 그래서 화근불작(禍根不作)이란 말이 있지요. 화근될 사건을 만들지 않는 것이 가장 중요하지요.

안도 : 역시 화근불작이 중요하군요. 그러나 오빠는 이미 일을 만들고 말았어요. 사업확장에만 미쳐서 폭력배에게 돈을 빌려 무리하게 밀고나가다 결국 다 날리고 빚을 아직 갚지 못하여 저렇게 도망다니고 있습니다.

역산 : 사람은 남의 돈을 가볍게 생각하면 안됩니다. 돈을 빌릴 때는 빚을 갚을 가능성이 충분한가를 검토한 후에 빌려야 합니다. 갚을 능력도 없는데 빌리면 망합니다.

안도 : 그렇군요. 그런데 오빠는 지금 해결할 길이 전혀 없어요. 어떻게 해야 좋을지 막막합니다. 날마다 폭력배들이 찾아와 오빠를 찾아내라고 부모님께 행패를 부립니다. 부모님께서는 겁에 질려 떨기만 할 뿐입니다.

역산 : 그럼 오빠는 지금 어디 있습니까?

안도 : 매일 도망다니니 거처를 알 수 없습니다. 가끔 한 번씩 전화만 올뿐입니다. 오빠야 자신이 저질렀으니 입이 열 개라도 할말이 없지만, 문제는 부모님입니다.

역산 : 부모님이 안됐군요. 그러나 아들의 문제는 아들 문제로 마루고 위협을 당해도 너무 겁먹지 말고 처신하는 것이 중요합니다. 아니면 경찰에 신고하는 것도 좋습니다.

안도 : 신고하면 나중에 폭력배들이 복수하지 않을까요?

역산 : 달리 방법이 없으니 할 수 없지요. 혼자 해결하려고 하지 말고 부모님이나 선생님이나 친구에게 털어놓고 상담하는 것이 중요합니다. 그리고 때로는 모든 것을 공개하는 것이

좋은 경우가 있습니다. 그리고 밤길이나 위험한 곳에는 가지 않는 것이 가장 좋고, 또 위험할 때는 부끄러워하지 말고 큰 소리를 질러 도움을 청해야 합니다. 또 호신술을 믿고 방심하는 것은 절대금물입니다.

안도 씨는 「폭력배의 위협에서 벗어나는 비법」을 메모했다.

① 화근이 될 수 있는 사건을 만들지 말라.

② 남의 돈을 쉽게 생각하여 함부로 빌리지 말라.

③ 위협을 당해도 너무 겁먹지 말고 태연자약하라.

④ 혼자서 고민하지 말고 부모님께 공개하고 상담하라.

⑤ 때로는 사건을 공개하는 것이 빠른 해결책이다.

⑥ 밤길을 삼가하고 위험한 장소에는 가지 않는다.

⑦ 위험하면 크게 소리를 지르는 것이 상책이다.

⑧ 자신의 호신술을 믿고 방심하는 것은 금물이다.

본명의 일간(日干)은 무토(戊土)이다. 무토(戊土) 일주(日主)는 성격이 급하고 화를 잘 낸다. 용맹이 지나치며 거만하고, 단도직입적이며 호쾌하고, 생각이 단순하며 자존심이 강하다. 겉으로는 온후하게 보이나 허풍도 있고, 희망과 목적이 멀고 크다. 집착은 강하나 인내력은 부족하다. 자기 중심적이며 자만심이 강하여 잘 화합하지 못한다. 욕심도 많고 인정도 많아 다방면에 진출하려는 경향이 있다. 의협심이 강하여 남을 잘 도와주나 남을 지배하려고 한다.

— 선조운은 어머니계의 3대와 8대 선조가 도와주고, 아버지계의 5
대와 6대 선조가 도적질을 많이 한 업장이 있다. 길한 인연은
8·9·10월생이고, 흉한 인연은 2·3·4월생이다.

— 배우자운은 계정기신(癸丁己辛)일생이 가장 좋다. 부부운은 업
장이 사라지지 않으니 계속 공덕을 쌓아야 한다. 부부간에 전쟁
운이 있으나 인내하면 회복한다. 40% 길하고 60% 흉하다.

— 초년운은 만사형통이다. 초년에 발복하니 총명하고 지혜가 많으
며 의식주가 풍족하다. 부모의 은덕이 많고, 천재 소리를 듣는
다. 80% 길하고 20% 흉하다.

— 중년운은 육친무덕으로 일신이 고독하며 뜬구름 같은 인생이나
참고 견디면 길운이 도래한다. 뜻밖의 사고를 당하거나 병마의
침범으로 입원하여 모든 계획에 큰 차질이 생기니 안타깝다. 재
물운이 약한 것은 때가 오지 않았기 때문이다. 작은 이익에 만
족해야 한다. 40% 길하고 60% 흉하다.

— 말년운은 60% 길하고 40% 흉하니 비교적 안심이다. 과욕은 금
물이니 분수에 만족해야 한다.

— 직업운은 금성(金星)과 수성(水星)이 길하니 해운·선박·요
식·다방·레스토랑·카페·목욕탕·중개업·무역·의사·약
사·교사·여관·장의사·식품·수도·술집·양어장·유통·
수산업 등이 길하다.

— 길한 해는 천간(天干)에서는 경(庚)·신(辛)·임(壬)·계(癸)년
이고, 년(年)과 지지(地支)에서는 신(申)·유(酉)·해(亥)·자

(子)년이 들어오는 해이다.

— 길한 색상은 백색·감색·흑색이다.

— 길한 방위는 북방위·서방위이다.

— 길한 수리는 4·9·1·6 이다.

— 길한 시간은 저녁과 밤이다.

— 길한 글자는 금(金)·서(西)·추(秋)·백(白)·의(義)·양(羊)·차(車)·경(庚)·신(辛)·신(申)·유(酉)·수(水)·북(北)·동(冬)·흑(黑)·야(池)·한(寒)·해(海)·임(壬)·계(癸)·해(亥)·자(子)이다.

— 건강운은 사주에서 금수(金水)가 조화를 이루지 못하니 만성질병은 피부·호흡기·소화기이고, 급성질병은 대장·근골·신장·방광·혈액 등이다.

— 길한 물건은 금속·시계·선풍기·반지·열쇠·자동차·금·은·보석·냉장고·물·음료수·어항·수족관 등이다.

5. 나쁜 친구와 인연을 끊는 비법

안도 : 시간을 너무 많이 빼앗아 죄송합니다. 나쁜 친구가 있는데 이상하게 자꾸 얽힙니다. 좋은 방법이 없을까요?

역산 : 좋은 인연을 많이 만들면 이익이 오듯이 악연을 많이 만들면 그만큼 손해가 따릅니다. 악한 친구는 글자 그대로 악연

인데 인연을 끊는 방법은 우선 그런 친구에게 빈틈을 보이면 안됩니다. 예를 들어 악우와 취미가 같아도 불리하고 등교길이 같아도 불리합니다. '악인상대 무언무답' 이라는 말이 있습니다. 즉 나쁜 친구와는 상대하지 말라는 뜻입니다.

안도 : 상대하지 않는 것이 상책이군요. 또 다른 방법은 없나요?

역산 : 흔히 악우의 보증을 섰다가 고통을 당하는 사람이 많습니다. 절대 악우의 보증을 서면 안됩니다. 화근불작(禍根不作)이란 말처럼 화근이 될 일을 만들지 말아야 합니다. 좋은 친구의 보증인이 되는 것은 좋아도 나쁜 친구의 보증인이 되는 것은 절대금물입니다.

안도 : 보증이 그토록 위험한 일이군요. 다른 방법은 없나요?

역산 : 결혼한 사람이면 배우자를 내세우는 방법이 있습니다. 대부분 현명한 아내는 악우를 끊는 힘이 많지요. 그러니 가정을 이룬 사람은 배우자와 잘 상의하면 나쁜 친구를 끊을 수 있습니다.

안도 : 부부간에 잘 상의해도 해결할 수가 있군요.

역산 : 그리고 악한 사람들과 인연을 끊는 방법으로 근묵자흑(近墨者黑)이라는 말이 있습니다. 먹물을 가까이 하면 자신도 검어진다는 뜻이지요. 그러니 이롭지 않은 사람에게는 가까이 가지 않는 것이 가장 좋고, 또 몸과 마음을 수양하여 덕망의 운기를 많이 갖는 것도 좋으니 몸과 마음을 바르게 갖는 것이 중요합니다.

안도 씨는「나쁜 친구와 인연을 끊는 비법」을 메모했다.

① 나쁜 친구에게 빈틈을 보이지 말고 사전에 예방한다.

② 나쁜 친구에게는 절대 보증을 서면 안된다.

③ 배우자와 상의하면 나쁜 친구를 끊는 힘이 된다.

④ 먹물을 가까이 하면 검정색이 물이 든다.

⑤ 몸과 마음을 잘 갈고 닦아 심신수양에 투자를 많이 한다.

⑥ 주위의 사람들과 화합을 잘하고 좋은 인연을 맺는다.

⑦ 마음을 바르게 하여 바르게 깨닫고 바르게 행동한다.

⑧ 안으로는 바르고 밖으로는 원만하게 행동한다.

6. 학교폭력을 막는 비법

안도 씨는 다시 언니가 딸이 하나 있는데 학교에서 따돌림을 당하여 학교에 가기 싫어한다며 방법이 없겠느냐고 물었다. 안도 씨 언니의 딸은 공부는 비교적 잘하는데 친구들과 잘 어울리지 못하고 따돌림을 당한다. 요즘은 등교를 거부하는 심각한 상태이다.

■ 애미꼬 : 곤명(坤命)

년	월	일	시					
己	己	乙	丙	庚	辛	壬	癸	甲 乙
巳	巳	酉	子	午	未	申	酉	戌 亥

안도 : 애미꼬가 점점 학교에 가기 싫어하여 언니가 걱정이 많습니다. 좋은 방법이 없을까요?

역산 : 요즘 학교에서 많이 벌어지는 문제입니다. 집단따돌림에서 벗어나는 방법이 몇 가지 있지요. 첫째는 나쁜 친구들에게 약한 모습을 보이지 말아야 합니다. 학생들을 보면 대부분 자기보다 강한 사람에게는 약하고, 약한 사람에게는 강한척 합니다. 그러니 약한 모습을 보이지 말고 당당해야 합니다.

안도 : 약해 보이면 구박당하기 쉽군요. 또 다른 방법은 없나요?

역산 : 둘째는 부모님이나 선생님께 알리면 대부분 해결됩니다. 그 분들은 많은 경험으로 지혜를 갖고 있기 때문입니다.

안도 : 그렇군요. 그런데 우리 애미꼬는 혼자 끙끙대며 애를 태우지 뭡니까. 또 다른 방법은 없나요?

역산 : 법치국가에서는 법에 호소하면 해결할 수 있습니다. 그러나 법으로 해결하는 것은 자칫 감정싸움으로 번질 수 있기 때문에 방법이 없을 때 사용하고, 될 수 있으면 대화로 잘 풀어나가는 것이 좋습니다.

안도 : 저도 그렇게 생각합니다. 될 수 있으면 송사를 피하는 것이 좋다고 생각합니다. 그럼 참는 것이 최선입니까?

역산 : 아니지요. 참는 것이 최선이 아니라 징벌을 해야지요. 그러나 선생님이나 법에 맡기는 것이 좋습니다.

안도 : 벌할 것은 벌하고, 법에 의존할 것은 의존해야 한다는 말씀이군요.

역산 : 맞습니다. 정정당당하게 생활한다면 만사형통할 수 있습니다. 사불범정(邪不犯正)이란 말이 있듯이 사악한 것은 정도를 침범하지 못하는 법이지요.

안도 : 그럼 부모 입장에서는 아이를 어떻게 교육해야 할까요?

역산 : 부모는 구찬일책(九讚一責)해야 합니다. 먼저 아홉 번 칭찬한 후 한 번 책망한다는 뜻입니다. 그리고 학생은 먼저 몸과 마음을 건강하게 하여 기력을 기르는 것이 중요하고, 정도로 가는 것이 중요합니다.

안도 씨는 「학교폭력을 막는 비법」을 메모했다.

① 나쁜 친구 앞에서는 약한 모습을 보이지 않는다.

② 부모님이나 선생님께 알리고 상담한다.

③ 피해를 당했으면 마지막에는 법에 호소한다.

④ 참는 것만이 최선은 아니고 권선징악이 필요하다.

⑤ 사불범정(邪不犯正)이란 말처럼 정정당당하게 생활한다.

⑥ 부모는 자녀에게 구찬일책(九讚一責)해야 한다.

⑦ 몸과 마음을 건강하게 자신의 기력을 양성한다.

⑧ 사도는 절대 단절하고 정도의 길로만 간다.

본명의 일간(日干)은 을목(乙木)이다. 일간(日干)이 을목(乙木)인 사람은 성품이 유연하며 인자하고 말이 없으나 음울하며 자존심이 강하다. 인정이 있고 내심이 강하며 말이 적고 부드럽다. 유화하고 온순하여 싸우는 것을 싫어한다. 경계심과 주의력이 강하며 매사 자기 중심으로 생각한다. 겉으로는 온화하나 속으로는 강정하고 편견적이다. 한 가지 일에 집착하여 전체적인 조화에 부족하다. 이성에 약하며 이성교제에 말썽이 많다. 배우자는 경임병갑(庚壬甲丙) 일생이 가장 좋다.

— 선조운은 아버지계의 6·11대 선조님이 도와주고, 어머니계의 4·9대 선조가 남들에게 악담을 하거나 거짓말을 많이 한 구업(口業)의 업장이 있다.

— 길한 인연은 9·10·11월생이고, 흉한 인연은 3·4·5월생이다.

— 부부운은 화합은 많고 다툼은 적으니 기쁨은 길고 슬픔은 짧다. 침실이 화락하니 자손이 만당하다.

— 초년운은 환경이 불리하여 매사에 흉함은 많고 길함을 적다. 고생하는 것은 운세의 불리함 때문이다. 병약하여 단명할까 염려된다. 명산대천에 축원하여 건강을 기원하고 수명을 연장하라.

— 중년운은 뱁새가 황새 흉내를 내면 가랑이가 찢어지는 법이다. 운세가 불리하니 분수를 지켜야 한다. 그러나 인내하면 회복된다. 직업이 점점 안정을 얻고 즐거움이 많고 슬픔은 적다. 근면하고 절약하면 부족함이 없다.

— 말년운은 창고가 가득하니 재물이 충만하고 만사가 형통하다. 대길한 중에 소흉은 있다.

— 직업운은 교육계통이 길하고, 의사·평론가·기사·운명가·문

화·예술·학술·지식·생산업이 길하다. 해운·선박·요식·다방·레스토랑·카페·목욕탕·중개업·무역·의사·약사· 교사·여관·장의사·식품·수도·술집·양어장·유통·수산업 등도 길하다.

— 길한 해는 천간(天干)에 임(壬)·계(癸)년이 들어오는 해와, 지지(地支)에는 해(亥)·자(子)·축(丑)년이 들어오는 해이다.

— 길한 색상은 감색·청색·녹색·검정색이다.

— 길한 방위는 북방과 동방위이다.

— 길한 수리는 1과 6이다.

— 길한 시간은 밤이다.

— 길한 글자는 북(北)·동(冬)·흑(黑)·야(池)·한(寒)·해(海)·임(壬)·계(癸)·해(亥)·자(子)이다.

— 건강운은 사주에 수(水)가 부조화하여 호흡·대장·근골·신장·방광·혈액 등에 질병이 나타날 수 있다.

— 길한 물건은 금속·시계·선풍기·반지·열쇠·자동차·금·은·보석·냉장고·물·음료수·어항·수족관 등이다.

7. 자식의 폭력을 막는 비법

안도 : 요즘은 자녀가 부모를 폭행하는 것을 종종 봅니다. 가정폭력을 예방하는 방법에 대하여 듣고 싶습니다.

역산 : 참으로 한심한 세상입니다. 부모의 은혜가 얼마나 큰데 보답은 못할망정…. 천벌을 받습니다. 첫째는 아버지는 엄격하고 늠름해야 합니다. 그렇지 않으면 자녀의 나쁜 버릇을 고칠 수 없습니다. 옛말에 엄부는 효자를 길러내고 엄모는 효녀를 길러낸다는 말이 있습니다.

안도 : 가정교육이 중요하군요. 사람들은 모두 자식이 부모의 소원대로 돼주기를 바라지만 기대와는 달리 다른 길로 가는 것을 많이 보았어요.

역산 : 그리고 부모가 생각을 바꿔야 합니다. 다시 말해 자식은 부모의 소유물이 아니라는 것을 알아야 합니다. 자식도 독립적인 인격체입니다. 그러므로 자식이 부모의 희망대로 되지 않는다는 것을 생각해야 합니다.

안도 : 그렇군요. 정말 자식은 부모의 소유물이 아닌 것 같아요. 자식의 부모 폭력은 어떻게 해야 하나요?

역산 : 자식이 어머니께 반항하는 경향이 있는데 그럴 때는 아버지는 절대 가만히 보고 있으면 안됩니다. 강한 체벌을 해서라도 버릇을 고쳐야 합니다. 부모는 매와 사랑을 겸해야 자식을 바르게 키울 수 있습니다.

안도 : 가정에는 엄한 아버지가 반드시 필요하군요. 부끄러운 이야기지만 아들이 어머니와 불륜을 저지르는 일도 있다고 들었습니다.

역산 : 절대 있을 수 없는 일입니다. 아들이 어머니와 불륜을 저지

르면 용서하지 말고 강하게 훈계해야 합니다. 아들이 아직 윤리를 잘 몰라 그러한 행동을 할 수 있으니 부모는 옳고 그름을 분명하게 가르쳐야 합니다.

안도 : 자식을 바르게 키운다는 것이 쉽지 않군요.

역산 : 그래서 충효득자승재관명(忠孝得子勝財官名)라는 말이 있지요. 국가에 충성하고 가정에 효도하는 좋은 자식을 만든다면 재물이나 관직이나 명예보다 좋다는 말입니다. 부모가 원하는대로 된다면 얼마나 좋겠습니까. 그러나 그것은 어려운 일이고, 부모가 자식에게 60% 정도만 기대하면 서로 행복할 수 있지요.

안도 : 부모의 행실이 중요하군요.

역산 : 물론이지요. 부모가 충효를 행하면 자식은 효도합니다. 그래서 근본배양(根本培養), 즉 부모가 적선을 쌓으면 화실영달(花實榮達), 즉 꽃과 열매인 자녀는 자연히 영화롭게 발달한다고 했습니다. 즉 충성하고 효도하는 자식으로 키운다면 재물을 많이 얻는 것보다 유리하고, 높은 권세를 얻는 것보다 유리하고, 빛나는 명예를 얻는 것보다 유리하지요. 그러려면 뿌리에 해당하는 부모가 자식에게 영양을 잘 공급해야 하니 자식을 위해 남모르게 적선을 쌓아야 합니다.

안도 씨는 「자식의 폭력을 막는 비법」을 메모했다.

① 아버지가 엄격하고 늠름해야 가정의 법도가 바로 선다.

② 자식은 부모의 소유물이 아니라 인격체이니 존중해야 한다.

③ 자식이 부모에게 반항할 때는 절대 용서하면 안된다.

④ 자식이 불륜을 저지르면 용서하지 말고 강하게 훈계한다.

⑤ 부모는 자식에게 100%를 기대하지 말고 60%만 기대하라.

⑥ 부모가 충효의 정도를 행하면 자식은 저절로 효도한다.

⑦ 부모가 공덕을 쌓으면 나중에 반드시 자녀가 받는다.

⑧ 부모가 적선을 행하면 자녀는 자연히 영화롭게 발달한다.

8. 상사나 동료의 음모를 막는 비법

안도 씨는 천성이 착하다는 생각이 들었다. 남자문제가 복잡한 것이 결점이지만 잘 가르치면 현모양처가 될 수 있다고 생각했다.

안도 : 저는 직장에서 상사나 남자 동료에게 여러 차례 고난을 당했습니다. 상사나 동료의 음모에서 몸을 지키는 방법은 없을까요?

역산 : 문제가 있으면 반드시 답이 있습니다. 먼저 상사를 부모님처럼 존경해야 합니다. 그렇게 해야만 상사의 음모에 빠지지 않습니다. 즉 상사에게 신임을 받아야 합니다. 자신이 신임하고 자신에게 충성하는 부하를 함정에 빠지게 하지는 않습니다.

안도 : 상사의 신임을 받는 것이 중요하군요. 회사의 동료를 대할

때는 어떤 마음자세가 필요한가요?

역산 : 동료를 친형제자매나 생사고락을 나누는 전우로 생각해야
　　　합니다. 그러면 동료의 음모에 빠지지 않을 겁니다.

안도 : 동료를 전우로 생각하라는 말이 마음에 듭니다. 또 다른 비
　　　법은 없나요?

역산 : 그러나 상사나 동료도 모두 경쟁상대가 될 수 있다는 것을
　　　잊지 말아야 합니다. 언제든 적이 될 수 있다는 것을 명심
　　　하고 상대해야 합니다.

안도 : 제 입장에서 보면 경쟁상대가 더 많이 있다고 생각합니다.
　　　직장에서는 상사도 있고 부하도 있는데 부하는 어떻게 대
　　　해야 좋습니까?

역산 : 부하를 무시하거나 가볍게 보면 안됩니다. 부하가 배신하면
　　　출세하는데 큰 손해가 됩니다. 부하를 잘못 관리하여 낭패
　　　보는 일을 종종 봅니다. 때문에 평소에 사랑을 베풀어 덕을
　　　두텁게 쌓아둘 필요가 있지요. 그리고 사람은 모두 같은 뿌
　　　리에서 태어났다는 것을 생각하면서 사랑하고, 모두 형제자
　　　매라는 생각으로 포용해야 합니다. 또 남에게 도움이 되도
　　　록 하는 것도 중요하지요.

**안도 씨는 공감한다는 듯 고개를 끄덕이며 「상사나 동료의 음모
를 막는 비법」을 메모했다.**

① 상사의 신임을 받는 부하가 되어야 한다.

② 동료를 친형제자매나 전우로 생각한다.

③ 때로는 상사나 동료가 경쟁상대가 될 수 있다.

④ 부하를 무시하거나 가볍게 보지 말고 평소에 덕을 쌓는다.

⑤ 사람은 모두 같은 뿌리에서 태어났음을 생각하고 사랑한다.

⑥ 사람은 모두 형제자매라는 생각을 갖고 포용한다.

⑦ 사람들과 잘 화합하여 좋은 인연을 많이 맺는다.

⑧ 남에게 이익이 되도록 남을 위한 공덕을 많이 쌓는다.

9. 억울한 누명을 벗는 비법

안도 : 살다보면 가끔 억울한 누명을 쓰는 경우가 있는데 벗어나
　　　는 특별한 방법 같은 것은 없나요?

역산 : 왜 없겠습니까. 억울한 누명에서 벗어나는 비법은 첫째, 증
　　　거를 확보해야 하니 자세하게 기록해두는 것이 중요합니다.
　　　기록하는 습관이 중요하지요. 일기를 쓰는 것도 좋고, 만일
　　　을 대비하여 항상 메모하며 증거를 남겨두는 것이 좋지요.

안도 : 증거를 확보하기 위해 평소에 기록하는 것이 중요하군요.
　　　또 다른 비법은 없나요?

역산 : 옛말에 이하부정관(李下不正冠)이란 말이 있습니다. 오얏나
　　　무 아래서는 갓끈을 고쳐 매지 말라는 뜻입니다. 의혹을 사
　　　기 쉬운 곳은 가까이 가지 말고, 의혹을 사기 쉬운 행동은

하지 말아야 합니다.

안도 : 의혹을 사기 쉬운 행동을 하지 말아야 하는군요. 또 어떤
것을 조심해야 할까요?

역산 : 혼자 사는 여성은 함부로 남성을 들이지 말아야 합니다. 옛
말에 남녀칠세부동석이란 말이 있지요. 남성과 여성은 음양
의 상대적 존재이기 때문에 사건이 일어나기 쉽고, 주위 사
람들에게 오해를 받을 수밖에 없습니다. 불가불 남성을 방
에 들여야 한다면 사람들을 입회시키거나 문을 열어놓고
있어야 합니다.

안도 : 저는 그런 일로 손해를 많이 보았습니다. 또 무슨 비법이
없을까요?

역산 : 사람은 인덕이 필요합니다. 그러기 위해서는 무엇보다 화합
이 중요합니다. 즉 동료들과 친하게 지내도록 노력해야 합
니다. 그리고 악한 사람에게서 자신을 지켜야 하고, 사건이
터진 후 우왕좌왕하지 말고 사전예방이 중요합니다. 또 정
도와 사도를 분명히 구분하여 잘 선택해야 합니다.

안도 씨는 「억울한 누명을 벗는 비법」을 메모했다.

① 증거를 위해 자세하게 기록하는 습관을 기른다.

② 의혹을 사기 쉬운 장소나 일은 가까이 하지 않는다.

③ 의혹을 사기 쉬운 말이나 행동은 하지 말라.

④ 여성은 방에 함부로 남성을 들이지 말라.

⑤ 가까운 동료들과 친하게 지내라.

⑥ 악한 사람에게서 자신을 지키는 정당방위는 필요하다.

⑦ 사건이 터진 후 우왕좌왕하지 말고 사전에 예방하라.

⑧ 정도와 사도를 분명히 구분하여 잘 선택해야 한다.

10. 이웃과 불화를 막는 비법

안도 : 저는 이웃과 불화가 심한 편인데 예방하는 비법은 없나요?

역산 : 이웃과는 친하게 지내야 합니다. 우리 속담에 이웃사촌이라
　　　는 말이 있지요. 이웃과 화목하게 지내면 좋은 일이 많습니
　　　다. 이웃과의 불화를 막는 방법은 첫째, 이웃을 진심으로 사
　　　랑하고 존경하는 것입니다. 사람과의 불화는 사랑하지 않는
　　　데서 생기니 진심으로 사랑한다면 예방할 수 있지요.

안도 : 사람을 사랑하는 것이 중요하군요. 그런데 제 이웃은 너무
　　　무례하여 상대하기가 어렵습니다.

역산 : 그렇게 무례한 사람이라면 상대하지 않는 것이 좋습니다.
　　　'악인상대 무언무답'이라는 말이 있지요. 악인과는 말하지
　　　말고 답하지 않는 것이 좋습니다. 그리고 두번째는 인간성
　　　이 바르지 않은 이웃과는 지나치게 친하게 지내지 않는 것
　　　이 좋습니다. 왜냐하면 너무 친하게 지내다 보면 부탁을 받
　　　았을 때 거절하기 어렵지요. 그러므로 인간성이 바르지 이

웃은 적당히 경계해야 합니다.

안도 : 아이들 때문에 이웃과 다투기도 하는데요.

역산 : 그렇습니다. 아이들 사이도 적당한 조절이 필요합니다. 자칫 잘못하면 아이들 싸움이 어른 싸움으로 커질 수 있습니다.

안도 : 자녀로 인하여 불화를 막으려면 어떻게 해야 좋을까요?

역산 : 이웃에게 자기 자식을 너무 자랑하지 말아야 합니다. 이웃에게 자식자랑을 많이 하면 상대방은 기분이 나빠지게 되고 불화가 일어날 가능성이 많습니다. 때문에 이웃 사람들과 화목하게 지내며 좋은 인연을 많이 맺는 것이 중요하며, 악한 사람과는 말하지 않는 것이 상책이지요.

안도 씨는 「이웃과의 불화를 막는 비법」을 메모했다.

① 이웃을 진심으로 사랑하고 존경하라.

② 이웃이라도 무례한 사람과는 상대하지 않는 것이 좋다.

③ 이웃과 지나치게 친하여 보증을 서는 일 등은 하지 말라.

④ 아이들 사이도 적당하게 조절하는 것이 필요하다.

⑤ 자식 자랑으로 이웃의 기분을 상하게 하지 말라.

⑥ 이웃 사람들과 화목하게 지내며 좋은 인연을 맺는다.

⑦ 악한 사람을 상대할 때는 말과 행동을 조심하라.

⑧ 악한 사람을 상대할 때는 말하지 말고 답하지 말라.

11. 안전하고 행복하게 사는 비법

안도 : 안전하며 평화롭고 행복하게 살려면 어떻 해야 할까요?

역산 : 먼저 자기수양에 투자해야 합니다.

안도 : 좀더 구체적으로 말씀해주세요.

역산 : 먼저 사불범정(邪不犯正)입니다. 즉 정도를 중심으로 살아
가면 사악이 침범하지 않습니다. 안전하고 행복하게 사는
비법이지요.

안도 : 또 다른 비법은 없나요?

역산 : 다음은 불법제거(不法除去)입니다. 즉 불법이나 폭력을 제
거하고 자신감을 갖고 사는 것이 안전하고 행복하게 사는
방법입니다.

안도 : 불법을 제거해야 하는군요. 또 무엇이 있나요?

역산 : 자기규제는 곧 자기수양이니 자기를 규제하는 시간을 많이
갖는 것이 안전하고 행복하게 사는 방법입니다.

안도 : 자기규제가 참으로 어려운 것 같아요.

역산 : 다음은 진리를 알아야 인격자가 될 수 있습니다. 진리를 갖
추려면 경전 사경과 독경을 많이 하는 것이 좋습니다. 사경
은 경전을 쓰는 것이고, 독경은 경전을 읽는 것을 말합니다.

안도 : 진리를 갖추는 것이 중요하군요. 또 있나요?

역산 : 다음은 정각정행(正覺正行)입니다. 바른 생각으로 바르게
깨닫고 바르게 행동하는 것이 안전하고 행복하게 사는 방

법입니다.

안도 : 하나같이 쉬운 것은 없군요.

역산 : 세상에 쉬운 일은 없습니다. 그리고 건강유지가 중요하니
　　　적당한 운동을 하여 건강한 몸을 유지하는 것이 안전하고
　　　행복하게 사는 방법입니다. 그리고 마지막으로는 내세심신
　　　(來世深信)인데 사후의 세계, 즉 영혼의 세계를 깊이 믿는
　　　것이 매우 중요합니다. 이와 같이 8가지를 잘 지키면 안전
　　　하고 행복하게 살아갈 수 있지요.

안도 : 긴 시간을 내주셔서 감사합니다. 많은 것을 배웠고 또 많은
　　　문제를 해결하고 돌아갑니다.

　안도 씨는 오늘의 상담료를 놓고 돌아갔다.

■ 안전하고 행복하게 사는 비법

① 자신은 만사의 근본이니 자기수양에 많이 투자해야 한다.

② 정도를 중심으로 살아가면 사악이 침범하지 못한다.

③ 불법이나 폭력을 제거하고 자신감을 갖고 살아간다.

④ 자기수양을 위해 자기규제의 시간을 많이 갖는다.

⑤ 수양을 위해서 사경과 독경을 많이 하는 것이 좋다.

⑥ 바른 생각으로 바르게 깨닫고 바르게 행동한다.

⑦ 적당한 운동으로 건강한 몸을 유지한다.

⑧ 사후의 세계, 즉 영혼의 세계를 깊이 믿는다.

제2장. 행복한 가정을 만드는 비법

사람은 누구나 행복한 가정을 꿈꾼다. 그러나 많은 사람들이 행복한 가정을 이루지 못하고 고통당하는 것을 보면 참으로 안타깝다. 상담을 하다보면 사랑하는 사람이 있는데 어떻게 청혼해야 성공할 수 있는지를 묻는 경우가 많다. 또 돌아선 애인의 마음을 돌리는 방법이나 바람난 남편의 마음을 돌리는 방법, 삼각관계를 해결하는 방법 등을 묻는 경우도 많다. 그래서 이 장에서는 남녀관계와 가정을 중심으로 살펴보고자 한다.

1. 청혼에 성공하는 비법

요즘 일본은 한국과 마찬가지로 노처녀 노총각이 늘어나고 있다. 텔레비전을 보면 수많은 꽃미남 꽃미녀들이 나오기 때문에 결혼

상대자를 구하는 눈도 매우 높아졌다. 어느날 오후 20대 후반의 청년이 찾아왔다.

■ 요시다(吉田) : 건명(乾命)

```
년  월  일  시
乙  壬  丁  癸      辛庚己戊丁丙乙
卯  午  亥  卯      巳辰卯寅丑子亥
```

역　산 : 청혼에 성공하려면 첫째 은밀하게 자기 마음을 알리는 것
　　　　이 중요합니다. 혼자 짝사랑만 하지 말고 어떤 방법으로
　　　　든 알려야 합니다. 전화도 좋고 편지도 좋고 무슨 방법으
　　　　로든 알리는 것이 우선입니다.

요시다 : 일단 알리는 것이 중요하군요. 또 다른 방법은요?

역　산 : 자신이 있고 기회가 닿으면 직접 상대에게 사랑의 편지를
　　　　전하는 것도 좋습니다. 직접 전하기 때문에 의외로 좋은
　　　　결과를 얻을 수 있지요.

요시다 : 자신이 없으면 어떻게 하면 좋을까요?

역　산 : 자신이 없으면 믿을 수 있는 사람에게 부탁하는 것도 좋
　　　　습니다. 선배나 상사나 은사님께 부탁을 하면 좋은 결과
　　　　를 얻을 수 있습니다.

요시다 : 장소도 중요한가요?

역　산 : 물론 중요하지요. 그러나 방법은 여러 가지이니 상황에

따라 최선을 선택하여 응용할 수 있습니다. 용기와 자신이 없는 사람은 우선 자신감을 갖도록 자기찬미를 많이 해야 합니다. 자기찬미의 힘은 대단합니다. 가수들이 공연 전에 자기찬미를 몇 시간씩 하면 인기가 올라간다고 합니다. 자기찬미란 거울을 보며 자기 이름을 부르면서 '나는 할 수 있다, 나는 유명인이 될 수 있다, 나는 부자가 될 수 있다' 등 원하는 것을 반복하는 것입니다. 실제 여러 방면에서 성공한 사람들은 대부분 자기찬미를 많이 한 사람들이지요.

요시다 : 자기찬미의 힘이 그렇게 큰가요?

역　산 : 한 기술자가 공장에서 일하다 기계에 손가락을 절반 정도 잘렸습니다. 그런데 "손가락이 다시 나온다"고 강하게 자기찬미를 했더니 1년 만에 새 손가락이 나왔다고 합니다. 자기찬미는 일종의 자기암시이며 염력입니다. 염력의 힘은 기적도 불러오지요.

요시다 : 저도 오늘부터 자기찬미를 시작해 보겠습니다.

역　산 : 많이 해보세요. 틀림없이 큰 효과를 볼거요. 자기를 무시하는 말은 절대로 하면 안됩니다. 촌철살인이란 말이 있지요. 자신을 무시하는 말 한마디가 결국은 자기를 죽이는 결과를 불러오게 되지요. 즉 '나는 할 수 없다, 나는 틀린 사람이다, 나는 절대 안 돼' 이러한 말들이 자신을 점점 더 나쁜 길로 빠지게 하는 암시지요.

요시다 : 저는 제 자신을 무시하는 말을 많이 해서 아직 결혼을 못

요시다 : 저는 제 자신을 무시하는 말을 많이 해서 아직 결혼을 못 한 것 같습니다. 다른 비법은 어떤 것이 있나요?

역　산 : 남성은 또 재력이나 권력이 있으면 유리하고, 여성은 진선미를 갖추면 성공하기 쉽지요.

요시다 : 저는 아무것도 갖춘 것이 없어 청혼에 실패한 것이군요.

역　산 : 아무튼 상대방에게 믿을 수 있는 조건을 만들어야 합니다. 상대방이 믿음직하다고 생각하지 않으면 실패하지요. 그리고 더 중요한 것은 분수를 알고 분수 이상의 상대를 넘보지 않아야 합니다. 처음부터 오르지 못할 나무는 쳐다보지 말아야 하지요.

요시다는 「청혼에 성공하는 비법」을 열심히 메모했다.

① 사랑하는 사람에게 마음을 알린다.

② 사랑의 편지를 전하는 것도 좋다.

③ 자신이 없으면 믿을 수 있는 사람에게 부탁한다.

④ 상황에 따라 최선의 방법을 선택한다.

⑤ 자신감을 가질 수 있도록 자기찬미를 많이 한다.

⑥ 남성은 재력이나 권력을 갖춘다.

⑦ 여성은 진선미를 갖춘다.

⑧ 분수 이상의 상대를 넘보지 않는다.

본명은 정화(丁火) 일간(日干)이다. 온화하며 재주 있고, 외모는 싹싹하며 정서도 부드럽다. 천연하며 성실하고 고요한 성품이다. 신경이 예민하며 취미가 풍부하고 기억력이 좋다. 사고가 용의주도하나 오히려 발전에 장애가 되기도 한다. 언동이 정서적이며 경솔하지 않고 침착하다. 겉으로는 온화하며 소극적으로 보이나 조급함이 있다. 좋고 나쁜 것을 잘 드러내지 않는다. 언쟁을 싫어하여 인간관계가 원만하다. 순정파이나 질투심이 강하여 이성관계로 구설수가 많다. 배우자는 임갑병무(壬甲丙戊)일생이 가장 좋다.

— 선조운은 어머니계의 3대와 8대 선조는 길한 인연이나 5대와 10대 선조는 구업의 업장이 있다.
— 길한 인연은 10·11·12월생이고, 흉한 인연은 4·5·6월생이다.
— 부부운은 부부가 일심동체이니 주야로 화락하다.
— 초년운은 50% 길하고 50% 흉하니 반길반흉으로 한 번 웃고 한 번 운다. 즐거움과 슬픔이 반반씩이니 한 번은 즐겁고 한 번은 슬프다. 반길반흉이니 인내가 필요하다.
— 중년운은 귀인의 도움으로 좋은 배우자를 만나 가정을 이루고 옥동자를 얻어 희희낙락한다. 직업이 점점 안정을 얻으며 즐거움이 많고 슬픔은 적다. 근면하고 절약하면 부족함이 없다. 뜻밖의 사고를 당하거나 병마의 침범으로 입원하여 모든 계획에 큰 차질이 생기니 안타깝다. 곳곳에서 득재하고 만인이 도와주니 복록이 풍족하다. 의외로 성공하니 길운이다.
— 말년운은 구름 한 점 없이 맑으니 일월이 명랑하고 수중에 천

금을 만지니 대부귀의 길운이다. 만사가 형통하지 못하고 막힘이 많다. 계획은 있으나 실행이 어려워 안타까울 뿐이다.

— 직업운 문관·행정·교육·법조·공무원·신용을 담보로 하는 직업이 좋고, 해운·선박·요식·다방·레스토랑·카페·목욕 탕·중개업·무역·의사·약사·교사·여관·장의사·식품· 수도·술집·양어장·유통·수산업 등도 길하다.

— 길한 해는 수(水)가 길신이면 임계해자(壬癸亥子)년이 좋다.

— 길한 색상은 검정색·군청색·백색이다.

— 길한 방위는 북방·서방이다.

— 길한 수리는 1·6과 다음은 4·9이다.

— 길한 시간은 밤과 저녁이다.

— 길한 글자는 북(北)·동(冬)·흑(黑)·야(池)·한(寒)·해 (海)·임(壬)·계(癸)·해(亥)·자(子)·금(金)·서(西)·추 (秋)·백(白)·의(義)·양(羊)·차(車)·경(庚)·신(辛)·신 (申)·유(酉)이다.

— 건강운은 사주상 화기(火氣)가 태왕하여 심장·혈액·피부 등 에 선천적인 질병이 따르고, 수기(水氣)가 부족하여 신장·방 광·하체 등에 질병이 나타날 수 있다.

— 길한 물건은 금속·시계·선풍기·반지·열쇠·자동차·금· 은·보석·냉장고·물·음료수·어항·수족관 등이다.

2. 돌아선 애인의 마음을 돌리는 비법

요시다 : 저는 얼마 전까지만 해도 애인이 있었습니다. 그런데 제
　　　　가 잘못하여 떠나고 말았습니다. 다시 마유미 씨를 돌아
　　　　오게 할 수는 없을까요?

　하며 울먹였다. 애인의 마음을 돌리는 비법을 설명하자 요시다는
귀를 기울였다.

역　산 : 돌아선 애인의 마음을 돌리기 전에 정말 다시 돌아오게
　　　　할 가치가 있는 상대인가를 생각해보는 것이 중요합니다.
　　　　냉정하게 심사숙고하여 판단할 필요가 있습니다.

요시다 : 마유미 씨는 영원한 나의 여성입니다. 죽어도 잊을 수 없
　　　　습니다. 마유미 씨는 내 인생의 전부를 걸어도 좋은 여성
　　　　입니다. 무슨 비법이 없을까요?

역　산 : 떠나버린 애인이 다시 돌아오게 하는 염력을 강하게 갖는
　　　　것이 중요합니다. 마음 속에 강한 염력을 만들면 애인의
　　　　마음에 변화가 일어나지요.

요시다 : 염력 이외에는 다른 비법은 없나요?

역　산 : 애인의 이름을 주문을 외우듯 많이 부르면 됩니다. 이름
　　　　에도 기운이 많이 흐르기 때문에 돌아선 애인의 마음을
　　　　돌리는 비법이 되지요.

요시다 : 마유미 씨의 마음은 알 수 없어요. 어떤 때는 가까운 듯
　　　　하다가 어떤 때는 천리나 떨어진 것 같으니 말입니다.

역　산 : 쫓아가면 도망가는 것이 여성의 심리입니다. 때문에 때로는 포기하는 척도 해볼 필요가 있습니다.

요시다 : 그러다가 정말 떠나버리면 어떻게 하고요.

역　산 : 부부란 인연따라 만나는 것이니 억지로 돌아오게 하지는 마세요. 인연이 되면 크게 노력하지 않아도 반드시 만날 것이고, 인연이 아니면 아무리 애를 써도 소용이 없지요.

요시다 : 인연이 중요하군요.

역　산 : 돌아선 애인의 마음을 돌리는 비법은 무엇보다 경제력과 권력을 갖추면 다시 돌아오게 되고, 또 남에게 의존하는 약한 모습을 보이지 말고 자력을 키워야 합니다. 그리고 자신의 부족한 부분을 찾아내 실력을 쌓는 것입니다.

요시다는 「돌아선 애인의 마음을 돌리는 비법」을 메모했다.

① 정말 다시 돌아오게 할 가치가 있는 상대인가를 생각해본다.

② 떠나버린 애인이 다시 돌아오게 하는 염력을 가진다.

③ 애인의 이름을 축원문을 외우듯 많이 부르고 독송한다.

④ 쫓아가면 도망가는 여성의 심리를 이용한다.

⑤ 인연 따라 만나는 것이니 억지로 돌아오게 하지는 말라.

⑥ 경제력과 권력을 갖추면 다시 돌아오게 된다.

⑦ 남에게 의존하는 약한 모습을 보이지 말고 자력을 키워라.

⑧ 자신의 부족한 부분을 찾아내 실력을 보강하라.

얼마 후 요시다 씨에게서 그대로 실천했더니 효과가 나타나 행복하게 잘 살고 있다는 연락을 받았다.

3. 바람둥이 남편을 고치는 비법

남의 떡이 더 커 보인다고 했다. 남자들은 권태기에 접어들면 아내보다 다른 여성이 더 아름답게 보인다. 그러다보면 자연 바람을 피운다. 어느날 30대 중반의 여성이 근심이 가득찬 얼굴로 찾아와 남편이 바람을 너무 많이 피우는데 방법이 없겠느냐고 물었다.

미찌꼬는 19세에 연애결혼을 했다. 지금은 남매를 두었는데 남편이 바람끼가 심하여 부부갈등이 심했다. 수차례 이혼을 생각했지만 어린남매를 두고 차마 그럴 수가 없었다. 그러던 차에 친구에게 한국에서 온 유명한 역술가가 있다는 말을 듣고 찾아온 것이다.

■ 미찌꼬 : 곤명(坤命)

년	월	일	시							
乙	甲	丙	丙	乙	丙	丁	戊	己	庚	辛
巳	申	申	申	酉	戌	亥	子	丑	寅	卯

역 산 : 바람둥이 남편을 고치는 비법은 첫째, 남편의 심리상태를 파악해야 합니다. 즉 이 세상의 모든 남성들은 자기의 아

내가 자신의 손 안에서 뛰어노는 예쁜인형 같은 여성이 되기를 바라고 있습니다. 때문에 여성은 남편의 손안에서 뛰어 노는 예쁜 인형 같은 여성이 되도록 노력해야 합니다. 여성이 남편의 손안에서 뛰어 노는 예쁜 인형이 되어야 남편의 바람기는 사라지게 되지요. 즉 수중인형입니다.

미찌꼬 : 남편의 손 안에서 뛰어노는 인형이 되기 위해서는 무엇을 해야 하나요?

역　산 : 여성의 무기를 잘 활용해야 합니다. 애교는 여성만이 가지는 무기이며 아양도 마찬가지입니다. 때문에 여성은 남편 앞에서 애교를 잘 부려야 하고 또 아양을 잘 떨어야 합니다. 이것이 바람둥이 남편을 교정하는 비법입니다.

미찌꼬 : 애교가 중요하군요. 전 애교를 부릴 줄 몰라요. 이제부터라도 연습해야겠군요. 다음은 또 무엇이 중요한가요?

역　산 : 여성은 감동하고 눈물을 흘릴 줄 아는 연극이 필요합니다. 즉 남편이 꽃이나 어떤 선물을 사다주면 눈물을 흘리며 크게 감동하는 연극을 할 줄 알아야 바람둥이 남편을 교정하는 비법이 됩니다.

미찌꼬 : 연극이 필요하군요. 또 무엇이 있나요?

역　산 : 미모와 순결과 정숙이 중요하지요. 여성의 생명은 미모와 순결과 정숙입니다.

미찌꼬 : 미모는 자신 있는데 순결과 정숙은 자신 없어요. 이미 지나간 이야기지만 저도 결혼 전에는 하체를 함부로 굴렸

어요. 또 다른 비법은요?

역 산 : 부부사이에 자존심은 백해무익합니다. 부부화합을 하는데 제일 큰 방해물이 자존심입니다. 자존심이 강하면 남편이 원하는 인형이 되지 못하고, 애교가 잘 나오지 못하며 연극이 잘되지 않습니다. 따라서 바람둥이 남편을 교정하는 비법에는 여성이 자신의 자존심을 버려야 사랑받는 여성이 될 수 있습니다.

미찌꼬 : 자존심을 버리는 것이 무엇보다 중요하군요. 저도 자존심이 엄청 강해요. 자존심이 문제군요.

역 산 : 또 여성은 진선미가 생명입니다. 그중에서도 미모가 중요한데 예절을 잘 지키면 미모로 나타납니다. 따라서 예의범절을 잘 지키면 바람둥이 남편을 잡을 수 있지요.

미찌꼬 : 어찌 되었거나 여성은 양귀비처럼 아름답고 봐야겠어요. 저도 미모는 자신이 있어요. 다음은 또 뭐가 있나요?

역 산 : 여성이 갖고 있는 무기 중에서 최고의 무기가 성적서비스입니다. 따라서 여성은 남편에 대하여 성적인 헌신과 봉사를 잘해야 합니다. 이 성헌봉사(性獻奉仕)만 잘하면 다른 부분은 좀 부족해도 문제가 없고, 또 바람둥이 남편을 교정하는 제일 좋은 비법이 되지요.

미찌꼬 : 저도 성관계는 자신 있어요. 남편이 찾아주기만 한다면 밤새도록 해도 싫지 않아요. 그런데 밖에 나가서 그러니 방법이 없어요. 또 다른 무엇이 있나요?

역　산 : 여성은 미모가 생명이니 미용과 화장에 신경써야 합니다. 화장할 줄 모르는 여성은 여성의 의무를 져버린 것입니다. 그리고 항상 옷을 단정하게 입고, 또 정숙하고 몸을 청결하게 하며, 아름다운 몸매를 유지하도록 노력해야 합니다. 지와 덕을 겸비해야 더욱 아름답게 보이지요.

미찌꼬 : 여성답게 사는 것도 쉽지가 않군요.

미찌꼬는 「여성의 무기를 활용하는 비법」을 메모했다.

① 남편의 손 안에서 뛰어노는 예쁜인형 같은 아내가 된다.

② 애교는 여성만이 가지는 무기이니 활용한다.

③ 감동하며 눈물을 흘릴 줄 아는 연극이 필요하다.

④ 여성은 순결이 생명이니 몸을 청결하게 하고 정숙해야 한다.

⑤ 자존심을 버려야 사랑받는 여성이 될 수 있다.

⑥ 여성은 예의범절을 잘 지키면 아름답게 보인다.

⑦ 최고의 무기인 성적인 헌신과 봉사를 잘해야 한다.

⑧ 여성은 미모가 생명이니 미용과 화장에 힘써야 한다.

4. 싫은 사람과 헤어지는 비법

미찌꼬 : 결혼 전에 사귀던 남자가 있었습니다. 그런데 남자 부모님이 반대하여 헤어졌습니다. 그후 지금의 남편과 결혼했

는데 과거 그 사람이 나타나 따라다닙니다. 남편이 바람둥이긴 하지만 그래도 엄연히 가정이 있는 주부인데 바람을 피울 수는 없잖아요. 그런데 그 사람이 거머리처럼 달라붙어 떨어지지 않아요. 정말 싫은 사람과 헤어지는 좋은 비법은 없나요?

역　산 : 있지요. 첫째, 자신의 마음을 분명하게 표현해야 합니다. 그렇지 않으면 상대는 미련을 갖고 따라붙게 되지요.

미찌꼬 : 싫다고 분명히 말했어요. 나는 가정주부이며 두 아이의 엄마라고 말했어요. 그런데도 떨어지지 않아요. 멀리 도망치고 싶어요. 어디로 도망치면 좋을까요?

역　산 : 도망치는 것만이 상책은 아닙니다. 남자는 여성이 도망치면 칠수록 더 따라붙고 싶은 충동이 일어납니다. 다른 비법이 필요합니다.

미찌꼬 : 어떤 비법이 좋을까요?

역　산 : 싫은 상대와 이별하는 좋은 비법은 악녀가 되거나 미련하고 무례한 모습을 보이는 것이 상책입니다. 악한 여성을 좋아할 남자는 한 사람도 없고, 또 미련하거나 무례한 여성을 남자들은 모두 싫어하니까요.

미찌꼬 : 그 사람 앞에서는 악녀나 무례한 여성이 되어야 하겠군요. 또 다른 방법은 없나요?

역　산 : 싫은 상대와 이별하는 비법은 횡설수설하며 무식한 모습을 보이는 것도 필요합니다. 지금까지 미찌꼬 씨는 너무 정숙하며 우아하고 지덕을 겸비한 여성으로만 보이기 때

정숙하며 우아하고 지덕을 겸비한 여성으로만 보이기 때문에 그 남자가 떨어지지 않았던 것입니다.

미찌꼬 : 그건 그래요. 저도 조금만 꾸미면 귀부인처럼 보이거든요. 미모가 받쳐주고 교양도 받쳐주니까요.

역 산 : 또 싫은 상대와 이별하는 좋은 비법은 만날 때마다 불평 불만을 많이 늘어놓아야 합니다. 그러면 정이 떨어져 그 남자는 떠나가게 됩니다. 그 외에는 만날 때마다 돈을 전 혀 쓰지 않고 얌체 같은 행동을 반복하거나, 매우 비싼 보석이나 무리한 선물을 계속 요구하거나, 사람의 기본 도리를 완전히 상실한 모습을 보이면 남자는 떠나가지요.

미찌꼬는 다시 「싫은 사람과 헤어지는 비법」을 메모했다.

① 자기의 마음을 분명하게 표현한다.

② 도망치지 말고 정면으로 대응한다.

③ 악독한 여성처럼 미련하고 무례한 모습을 보인다.

④ 상대방 앞에서 횡설수설하는 무식한 모습을 보인다.

⑤ 만나면 불평불만을 많이 늘어놓는다.

⑥ 돈을 전혀 쓰지 않고 얌체 같은 행동을 반복한다.

⑦ 비싼 보석이나 무리한 선물을 계속 요구한다.

⑧ 기본 도리를 완전히 상실한 모습을 보인다.

미찌꼬는 병화(丙火) 일주(日主)이니 성격은 밝고 명랑하며 봉사정신이 많으나 말이 많고 애교도 있다. 병화(丙火) 일주(日主)는 태양처럼 밝으니 대부분 미인이다.

— 부모운은 인성(印星)으로 보는데 인성(印星)이 모두 길하니 부모덕이 많아 초년에 아무 어려움 없이 무사히 대학까지 잘 마칠 수 있었다. 부모덕은 80% 이상 길하다.

— 형제운은 비견(比肩)과 겁재(劫財)로 보는데, 비겁(比劫)이 평운에 해당하니 반길반흉이다. 따라서 형제자매덕은 50%는 길하고 50%는 흉하다.

— 자녀운은 식상(食傷)으로 보는데, 식신(食神)과 상관(傷官)이 모두 암장(暗藏)되어 자랑할만한 자식은 없다. 자식덕은 50%는 길하고 50%는 흉하다.

— 선조의 인연은 어머니계의 6대와 11대 선조의 공덕을 받아 수명 장수하며 명예운이 따른다. 반대로 어머니계 3대 선조가 남을 구박하고 살생한 업장이 있어 남편복이 없고 호흡기나 대장에 질병이 따른다. 12·1·2·3월생하고는 인연이 길하여 결혼이나 동업을 하면 유리하고, 반대로 6·7·8·9월생과는 인연이 흉하니 조심해야 한다.

— 부부운은 일지(日支)로 보는데 신금(申金)이 기신(忌神)이니 남편복이 20%밖에 없다. 그래서 남편 때문에 마음 고생을 하며, 부부사이에 장벽이 있다. 따라서 지하전쟁도 많이 일어난다.

— 직업운은 용신(用神)을 참고한다. 먼저 육신을 중심으로 보면

편인(偏印)이 길신(吉神)이니 교육이나 편업이나 전문직이 좋고, 오행(五行)으로 보면 의식주와 관계 있는 직업이 좋다.

— 길한 해는 갑(甲)·을(乙)·임(壬)·계(癸)·인(寅)·묘(卯)·해(亥)·자(子)년이다.

— 길한 방위는 동방위와 북방위이다.

— 길한 색상은 초록색·검정색·하늘색이다.

— 길한 수리는 3·8·1·6 이다.

— 길한 시간은 밤과 아침이다.

— 길한 글자는 수(水)·북(北)·동(冬)·흑(黑)·야(池)·한(寒)·해(海)·임(壬)·계(癸)·해(亥)·자(子)·춘(春)·청(靑)·인(仁)·온(溫)·갑(甲)·을(乙)·인(寅)·묘(卯)이다.

— 건강운은 금기(金氣)가 태왕하여 호흡기·대장·골격에 선천적인 질병이 따르고, 목기(木氣)가 허약하여 간·담·신경·두통이 나타날 수 있다. 그리고 신장과 심장도 불안하다.

— 길한 물건은 나무·가구·나무책상·책·꽃·어항·수족관·냉장고·목욕탕 등이다.

5. 여자가 남자에게 사랑받는 비법

다음날 미찌꼬는 동생을 데리고 와 아직 결혼을 못하여 고민이라며 동생의 사주를 봐달라고 했다.

■ 나미꼬 : 곤명(坤命)

년 월 일 시

庚 戊 癸 丁　　丁丙乙甲癸壬辛

戌 寅 未 巳　　丑子亥戌酉申未

나미꼬 : 저는 지금 사귀는 사람이 있습니다. 그런데 그는 저를 별
　　　　로 사랑하지 않아요. 그는 항상 제가 별로 매력이 없는
　　　　여자라고 해요. 어떻게 하면 매력 있고 인기 있는 여성이
　　　　될 수 있을까요? 그에게 너무 인기가 없어 고민이예요.
　　　　애인에게 인기를 얻는 비법을 좀 알려주세요.

역　산 : 애인에게 인기를 얻는 비법은 첫째, 의상을 단정하게 하
　　　　여 외모에 신경을 많이 써야 합니다. 물론 진실이 중요하
　　　　지만 사람은 우선 외모부터 먼저 보이니 소홀히 할 수 없
　　　　습니다. 신언서판(身言書判)이란 말이 있듯이 우선 외모
　　　　가 아름답고 시원시원해야 합니다.

나미꼬 : 특히 여성은 외모가 중요하군요. 아름답게 하려면 무엇을
　　　　하면 좋을까요? 저도 이 정도면 보통 이상은 되는 미인이
　　　　거든요. 몸매도 날씬하고 엉덩이와 유방도 탱탱해요.

역　산 : 화장이 우선이지요. 옛말에 '여자와 집은 가꿔야 아름다
　　　　워진다'고 했습니다. 여성이 화장을 예쁘게 하여 얼굴과
　　　　미용에 신경을 많이 쓴다면 애인에게 인기를 얻는 비법이
　　　　되지요.

나미꼬 : 저는 화장에는 자신이 있어요. 그래도 그이는 저를 별로 사랑하지 않아요. 무엇이 문제일까요?

역　산 : 애인에게 인기를 얻는 비법은 음침한 모습을 보이지 말고, 명랑한 얼굴과 진실한 마음을 취하는 것이 중요합니다. 음침한 모습을 보이면 인기를 얻기가 어렵지요.

나미꼬 : 진실한 마음 자세가 역시 중요하군요.

역　산 : 다음으로 애인에게 인기를 얻는 비법 중에는 즐거움을 갖고 건강하고 싱싱한 모습을 많이 보이는 것입니다. 건강하거나 싱싱하면 아름답게 보이니까요?

나미꼬 : 건강한 모습을 보이는 것도 중요하군요.

역　산 : 그리고 애인에게 인기를 얻는 비법은 애교 있고 매력적이며 발랄한 모습을 많이 보이는 것입니다. 그리고 여성의 무기를 최대한 활용하는 것입니다. 애인에게 한 송이 아름다운 꽃으로 보이도록 노력해야 하며, 애인에게 싫증나지 않는 장난감이 된다면 반드시 인기를 얻게 되지요.

나미꼬는 기뻐하며 「남자에게 사랑받는 비법」을 메모했다.

① 의상을 단정하게 하여 외모에 신경을 많이 쓴다.

② 화장을 예쁘게 하여 얼굴과 미용에 신경을 많이 쓴다.

③ 음침한 모습을 보이지 말고 명랑하고 진실한 마음을 가진다.

④ 즐거움을 갖고 건강하고 싱싱한 모습을 많이 보인다.

⑤ 애교적이며 매력적이고 발랄한 모습을 많이 보인다.

⑥ 여성만의 무기 18가지를 최대한 활용한다.

⑦ 애인의 마음 속에 한 송이 아름다운 꽃이 된다.

⑧ 애인에게 싫증나지 않는 장난감이 된다.

6. 청혼받는데 성공하는 비법

며칠 후 나미꼬는 다시 찾아왔다.

나미꼬 : 지난 번에 알려주신 비법을 활용했더니 요즘은 그이에게
　　　　 인기가 좋아졌습니다.

역　산 : 잘하셨군요. 그런데 오늘은 또 무슨 일로 오셨나요?

나미꼬 : 전 빨리 결혼하고 싶어요. 그에게 청혼을 받고 싶은데 좀
　　　　 처럼 반응이 없어요. 무슨 좋은 비법이 없을까요?

역　산 : 지난 번에 말한 애인에게 인기를 얻는 비법과 대동소이합
　　　　 니다. 즉 청혼을 받는데 성공하는 비법이라면 여성의 무
　　　　 기인 진선미를 최대한 잘 활용하는데 있습니다.

나미꼬 : 구체적으로 말씀해주십시오.

역　산 : 청혼을 받는데 성공하는 비법으로 첫째는 진실하고 순결
　　　　 한 모습을 보이는 것입니다. 진실하다함은 마음의 자세가
　　　　 바르다는 뜻이고, 순결하다는 것은 여성의 생명인 정조를
　　　　 잘 지킨다는 것이지요. 진실하고 순결한 여성을 남자들은
　　　　 좋아하니까 성공할 수 있지요.

나미꼬 : 진실과 순결이 중요하군요. 또 무엇이 있나요?

역　산 : 청혼을 받는데 성공하는 비법은 둘째, 선하고 자상한 모습을 보이는 것입니다. 남자들은 무엇보다 마음씨가 곱고 어머니처럼 자상한 여성을 좋아하지요. 그러므로 선하고 자상한 모습을 보이면 청혼받는데 성공하게 되지요.

나미꼬 : 선하고 자상한 모습이 중요하군요. 또 있나요?

역　산 : 청혼받는데 성공하는 세 번째 비법은 아름답고 우아한 모습을 보이면 됩니다. 여성은 아름다워야 합니다. 마음씨와 얼굴과 몸매가 아름다워야 합니다. 또 우아해야 합니다. 아름다움을 간직하는 것은 여성의 기본 의무입니다.

나미꼬 : 여성은 역시 아름다운 것이 중요하군요.

역　산 : 당신도 그만하면 아름답습니다. 청혼받는데 성공하는 네 번째 비법은 애정이 넘치는 모습을 보이는 것입니다.

나미꼬 : 또 있나요?

역　산 : 청혼을 받는데 성공하는 비법은 애인의 손 안에서 뛰어노는 아름다운 인형처럼 보여야 하고, 또 일생을 함께 즐기며 행복할 수 있다는 모습을 보여야 하며, 애인에게 싫증나지 않는 장난감처럼 보여야 하며, 남편의 마음 속에 한 송이 꽃이 되어야 하지요.

나미꼬는 「청혼받는데 성공하는 비법」을 메모했다.

① 진실하고 순결한 모습을 보이면 남자는 마음이 움직인다.

② 선하고 자상한 모습을 보이면 남자는 마음이 움직인다.

③ 아름답고 우아한 모습을 보이면 남자는 마음이 움직인다.

④ 애정이 넘치는 모습을 보이면 남자는 마음이 움직인다.

⑤ 남편의 손 안에서 뛰어노는 예쁜인형이 되어야 한다.

⑥ 일생을 함께 즐거워 할 수 있는 모습을 보여야 한다.

⑦ 애인에게 싫증나지 않는 장난감처럼 보여야 한다.

⑧ 애인의 마음 속에 한 송이 아름다운 꽃이 되어야 한다.

　나미꼬는 가르쳐 준 비법을 잘 활용하여 결혼에 성공했다. 나미꼬의 사주를 풀었다.

― 성격운은 계수(癸水) 일주(日主)이니 냉정하고 계산적이며 음울하다. 친구가 많지 않고 내성적이다. 생각이 넓지 못하고 현실적이다. 정직하고 사리에 총명하다. 분수 이상의 것을 바라지 않으나 무정한 면도 많다

― 부모운은 인성(印星)으로 보는데, 년간(年干)에 경금(庚金)이 인수(印綬)에 해당하며 길신(吉神)이니 부모덕이 많다. 초년은 부모덕에 호의호식하며 자랐다. 부모복은 80% 이상 길하다.

― 형제운은 비겁(比劫)으로 보는데, 비견(比肩)과 겁재(劫財)가 평운에 해당하니 반길반흉이다. 형제자매복은 50%는 길하고 50%는 흉하다.

― 자녀운은 식상(食傷)으로 보는데 식신(食神)과 상관(傷官)이 기

신(忌神)이니 자녀복이 없다. 자녀복은 20%만 길하고 80%는 흉하다. 자녀가 없거나, 있어도 좋은 자녀는 기대하기 어렵다.

— 부부운은 일지(日支)로 보는데 일지(日支)에 미토(未土)가 길신(吉神)에 해당하니 60%는 남편복이 있다.

— 선조운은 아버지계의 6·11대 선조의 길한 인연이 있고, 아버지계의 4·9대의 선조가 시기 질투한 업장이 있다.

— 인간관계를 보면 6·7·8·9월생은 길하고, 12·1·2·3월생은 흉하다.

— 직업운은 공무원·교육·철물·보석·금융계통이 길하다.

— 토금(土金)이 길신(吉神)이면 길한 해는 무(戊)·기(己)·경(庚)·신(辛)년이 들어오는 해와, 진(辰)·미(未)·술(戌)·신(申)·유(酉)년이 들어오는 해이다.

— 길한 색상은 황색과 백색이다.

— 길한 방위는 서방위와 남방위이다.

— 길한 수리는 4·9·5·0 이다.

— 길한 시간은 저녁과 낮이다.

— 길한 글자는 토(土)·중(中)·산(山)·황(黃)·신(信)·열(熱)·고(高)·무(戊)·기(己)·진(辰)·술(戌)·축(丑)·미(未)·금(金)·서(西)·추(秋)·백(白)·의(義)·양(羊)·차(車)·경(庚)·신(辛)·신(申)·유(酉)이다.

— 질병운은 호흡기·간담·신경·소화기에 선천적인 질병이 따르고, 피부·대장·근골·사지 등에 후천적인 질병이 따른다.

— 길한 물건은 흙·화분·벽돌·금속·시계·선풍기·반지·열쇠·차·금·은·보석 등이다.

7. 삼각관계를 해결하는 비법

결혼 적령기에 삼각관계로 골치아파하는 사람을 많이 본다. 어느 날 나미꼬의 소개로 왔다며 30대 중반의 여인이 찾아왔다.

■ 이노우애 : 곤명(坤命)

년	월	일	시
庚	乙	丁	癸	甲癸壬辛庚己戊
戌	酉	酉	卯	申未午巳辰卯寅

역   산 : 그래 무슨 일로 오셨나요?

이노우애 : 저는 지금 큰 고민에 빠져 있어요. 부끄럽게도 남편이 바람을 피우고 있어요. 어떻게 하면 첩이 떨어져 나가게 할 수 있을까요? 삼각관계를 청산하는 좋은 비법이 있다면 말씀해주세요.

역   산 : 삼각관계를 청산하는 좋은 비법은 그 첫째가 화근불작(禍根不作)이라 했으니 무엇보다도 먼저 그런 사건이 일어나지 않도록 하는 것이 제일 중요합니다.

이노우애 : 하지만 저의 입장에서는 이미 사건이 일어나고 말았어요. 남편에게 첩이 생겼어요. 그 첩은 얼굴도 저보다 예쁘고 매력도 많은 불여우 같은 여성입니다. 남편은 이미 그 첩에게 더 관심이 많고 저를 냉대해요.

역   산 : 삼각관계를 청산하는 좋은 비법은 평소에 부부간에 진실한 애정을 항상 유지하도록 노력해야 하는 것이 아주 중요합니다. 평소에 노력하지 않고 방심하면 남편을 첩에게 빼앗기는 불행한 사건이 일어나지요.

이노우애 : 제가 평소에 좀 무관심했어요. 함께 있을 때 좀더 관심을 갖고 잘 했더라면 이런 일은 생기지 않았을텐데….

역   산 : 일단 부모님이나 형제나 친구에게 도움을 청하세요. 부모님은 인생의 경험이 많으시니 좋은 해결방법이 나올 수 있습니다.

이노우애 : 제가 구체적으로 해야 할 일은 무엇인가요?

역   산 : 여성의 무기를 최대한 활용해야 합니다. 여성의 무기를 몇 가지만 잘 활용하면 충분히 문제를 해결할 수 있습니다. 남편을 위하여 살고 남편을 위하여 죽을 만큼 남편을 사랑하고, 먼저 희생하고 봉사하세요. 그리고 남편의 입장에서 자신을 바라보세요.

이노우애는 「삼각관계를 해결하는 비법」을 메모했다.
① 화근불작이란 말처럼 삼각관계가 일어나지 않도록 한다.

② 부부간에 진실한 애정을 항상 유지하도록 노력한다.

③ 부모나 형제나 친구에게 도움을 청한다.

④ 여성의 무기를 최대한 활용하여 남편의 마음을 사로잡는다.

⑤ 남편을 위하여 살고 남편을 위하여 죽을 만큼 남편을 사랑한다.

⑥ 남편에게 먼저 희생하고 봉사한다.

⑦ 사랑을 다하여 받들고 준 것은 기억하지 않는다.

⑧ 남편의 입장에서 자신을 바라보며 문제점을 생각해 본다.

이노우애는 집으로 돌아가 「삼각관계를 해결하는 비법」을 열심히 독송하고 사경하며 실천했다. 그러자 몇 달 후 남편은 첩과 정리하고 돌아왔다.

본명의 일간(日干)은 정화(丁火)이다. 온화하며 재주가 있고, 싹싹하며 부드럽고, 천연하며 성실하고 고요한 성품이다. 예민한 신경으로 취미도 풍부하고 기억력이 우수하다. 생각이 용의주도하나 오히려 발전에 장애가 된다. 언동이 정서적이라 경솔하지 않고 침착하다. 표현은 온화하며 소극적으로 보이나 조급함도 있다. 좋고 나쁜 것을 얼굴에 잘 나타내지 않고, 언쟁을 싫어하여 인간관계가 원만하다. 순정파이지만 질투심이 강하여 이성관계로 구설수가 많이 따른다. 임갑병무(壬甲丙戊)일생의 배우자가 가장 좋다.

— 선조운은 어머니계의 6·11대 선조가 도와주고, 어머니계의 3·

8대 선조의 살생의 업장이 있다.

— 길한 인연은 1·2·3월생이고, 흉한 인연은 7·8·9월생이다.

— 부부운은 원수를 만난 악연이니 장벽이 가로막혀 마음이 통하지 않는다. 오월동주이니 파가를 면하기 어렵다.

— 초년운은 환경이 불리하여 만사가 많이 막히고 방해자도 많다. 어릴 때 병약하여 병원에 자주 다니고, 친구가 별로 없고 나쁜 친구만 많다.

— 중년운은 결혼하여 행복한 가정을 이루고 만사가 형통하여 꿈만 같은 즐거움이 가득하다. 중년운은 길흉이 상반하니 즐거움과 슬픔이 교차한다. 한 번은 크게 웃으나 한 번은 크게 운다. 중년운은 인생을 지배하는 것은 지혜가 아니라 운명이다. 사고나 질병으로 계획은 수포로 돌아간다.

— 말년운은 마음은 급한 데 몸이 따르지 않으니 애를 태우며 동분서주하니 반길반흉이다. 대기만성을 이루는 시기이니 부귀영화를 다 누리는 대길운이다.

— 직업운은 무엇보다 중요하다. 하늘이 준 천직을 선택해야 성공한다. 교육계·의사·평론가·기사·운명가·서비스업이 길하고, 의류·포목·디자이너·교육·침구·지물포·지압·바느질·조각·미용·예술·승려·화장품·타자·음악가·가구점·악기점·서점·문방구·신문사·당구장 등도 좋다.

— 길한 해는 갑을(甲乙)이나 인(寅)과 묘(卯)가 드는 해이다.

— 길한 방위는 동방위이다.

— 길한 색상은 초록색이다.

— 길한 수리는 3·8이다.

— 길한 시간은 아침이다.

— 길한 글자는 목(木)·동(東)·춘(春)·청(靑)·인(仁)·온(溫)·임(壬)·갑(甲)·을(乙)·인(寅)·묘(卯)이다.

— 사주상 목(木)이 부조화하니 간장·담·신경계통·정신병·두면 등에 질병이 나타날 수 있고, 신장과 심장도 불안하다.

— 길한 물건은 나무·가구·나무책상·책·꽃·어항·수족관·냉장고·목욕탕 등이다.

8. 남자의 성적 고민을 해결하는 비법

이노우애가 덕분에 가정이 다시 행복해졌다며 남동생을 데리고 찾아왔다.

■ **다깨야 : 건명(乾命)**

년 월 일 시

壬 乙 乙 癸　　丙丁戊己庚辛壬

子 巳 巳 未　　午未申酉戌亥子

역　산 : 속궁합에 문제가 좀 있는 것 같은데…. 성생활을 제대로 못하는 것 같군요.

다깨야 : 보신 그대로입니다. 저는 성기가 너무 작고 힘이 약해서
성생활에 자신이 없어요. 그런데 아내는 매우 밝히는 편
입니다. 제가 어떻게 해야 아내를 만족시켜 줄 수 있을까
요? 요즘은 밤마다 죽을 지경입니다.

역　산 : 첫째는 무엇보다 진실한 애정이 있어야 합니다. 진실한
애정이 없으면 절대 성생활에 성공할 수 없지요.

다깨야 : 진실한 애정이 중요하군요. 저도 진실하게 애정을 가지려
고 노력합니다. 그런데 아내가 너무 색광이라서요. 밤마다
2~3씩 달라붙으니 제가 무슨 재주로 감당하겠습니까.

역　산 : 남성의 성적인 고민을 해소하는 비법의 둘째는 성생활이
란 성기만을 이용하는 것이 아니고 신체의 전신을 다 이
용해야 합니다. 남성들이 성생활이라면 꼭 성기만을 생각
하는 경향이 많은데 그렇지 않습니다.

다깨야 : 성기 외에 무엇을 사용해야 하는데요?

역　산 : 손으로 애무를 잘하는 것도 성생활입니다. 손으로 애무를
잘해주면 여성은 크게 즐거움을 느끼게 되어 원만한 성생
활이 될 수 있지요. 또 남성 자신은 손으로 애무하면서
손끝에 성적인 촉감의 자극을 느껴야 합니다.

다깨야 : 그렇군요. 손으로 애무하는 것 외에 또 무엇이 있나요?

역　산 : 남성이 입으로 여성의 젓꼭지나 성기를 애무하는 것도 성
생활입니다. 입으로 음문을 애무하는 것은 아주 중요한

성생활입니다. 또 남성 자신은 입으로 음문을 애무하면서 혀끝으로 달콤한 성생활의 미각을 느껴야 합니다.

다깨야 : 그런데 아내는 다른 여성에 비해 너무 성욕이 강한 것 같아요. 매일 밤마다 달려드니 말입니다.

역　산 : 당신의 아내만 성욕이 강한 것이 아니라 여성은 본래 남자보다 3배 이상 강합니다. 따라서 남자는 아내를 만족하게 해주려면 자신의 성기와 손과 입 등을 총동원해야 한다는 것을 명심해야 가능한 것이지요. 그리고 부부는 한 마음 한 몸이라는 생각이 강해야 하며, 또 성생활이란 상대를 위해 헌신하고 봉사하는 것이라 생각해야 합니다.

다깨야는 「남성의 성적 고민을 해결하는 비법」을 메모했다.

① 진실한 애정을 갖고 성생활에 임해야 한다.
② 성생활이란 신체의 전신을 다 이용하는 것이다.
③ 손으로 애무를 잘하는 것도 필요하다.
④ 입으로 유방이나 성기를 애무하는 것도 좋은 성생활이다.
⑤ 여성은 남자보다 성욕이 3배 이상 강하다는 것을 생각하라.
⑥ 따라서 남자는 성기·손·입 등을 총동원해야 한다.
⑦ 부부는 한 마음 한 몸이라는 생각으로 즐겁게 해주어야 한다
⑧ 성생활이란 상대를 위해 헌신하고 봉사하는 것이다.

9. 여자의 성적 고민을 해결하는 비법

다깨야가 기뻐하며 메모하자 누나인 이노우애가 말했다.

이노우애 : 선생님 저도 속궁합에 문제가 있어요. 저는 남편이 성
생활을 할 때 항상 재미가 없는 여성이라고 해요. 어떻
게 해야 남편의 마음에 드는 성생활이 될 수 있을까요?
여성의 성적인 고민을 해소하는 좋은 비법은 없나요?

역　산 : 만물박사요 쪽집게 도사인 내가 무슨 문제인들 해결 못
하겠소. 여성의 성적인 고민을 해소하는 비법은 첫째로
진실한 애정으로 성생활에 임하는 것이 무엇보다 중요
합니다. 동물은 종족을 번식하기 위하여 성생활을 하지
만 인간은 종족번식의 목적도 있지만 즐거움을 누리기
위한 것이 더 큰 목적이지요. 때문에 진실한 애정이 없
는 성생활은 동물에 지나지 않지요.

이노우애 : 두 가지의 목적이 있군요. 여성의 성적인 고민을 해소
하는 비법을 구체적으로 말씀해주세요.

역　산 : 성생활이란 성기만을 이용하는 것이 아니고 몸 전신을
다 활용해야 한다는 것을 자각해야 합니다.

이노우애 : 흥분하는 신음소리는 어떤가요?

역　산 : 당연히 필요하지요. 여성의 성적인 고민을 해소하는 비
법 중에는 여성이 흥분하는 즐거운 신음소리를 많이 내
며 연극을 해야 합니다. 흥분하는 신음소리는 성생활을

더욱 즐겁게 해주는 방법 중에 하나이지요.

이노우애 : 저는 부끄럽고 자존심 때문에 애성을 못내겠어요.

역　산 : 자존심을 버리고 남편이 원하는대로 해주어야 성적인
고민을 해결할 수 있습니다. 많은 여성들이 자존심 때
문에 성적인 만족을 얻지 못하는 경우가 많습니다.

이노우애 : 저도 자존심이 문제인 것 같아요.

역　산 : 그리고 여성의 성적인 고민을 해소하는 비법은 성적인
헌신과 봉사는 여성의 의무임을 잊지 말아야 합니다.
성헌봉사(性獻奉事)인데 아주 중요합니다. 여성이 남성
을 유혹하는 무기 중에서 성기의 무기가 가장 강합니
다. 때문에 성기를 최대한 잘 활용하여 성헌봉사를 잘
해야 원만하고 행복한 부부생활을 유지할 수 있습니다.

이노우애 : 손으로 애무하는 것도 필요하겠지요?

역　산 : 물론입니다. 손으로 남편의 성기를 애무하는 것도 성생
활입니다. 그러나 여성이 손으로 성기를 애무할 경우는
남성이 허락할 때 해야 합니다. 남성이 원하지 않을 때
는 역효과를 낼 수 있어요.

이노우애 : 남성이 원할 때만 손으로 애무해야 하는군요. 그럼 입
으로 애무하는 것은 어떤가요?

역　산 : 입으로 남성의 성기를 애무하는 것도 좋은 방법이지요.

이노우애 : 그런데 남편은 제 입에다 사정을 자주해요. 그리고 제
입을 벌려 정액양이 얼마나 되는지를 확인해요. 그리고

는 제가 삼킬 때까지 지켜보며 감시해요. 남편의 정액
을 삼킨다는 것이 상당히 힘들어요.

역　　산 : 대부분의 남성들은 여성의 입에다 사정하고 싶어하고,
또 사정한 정액을 삼키기를 원하지요. 남성이 원하는
것을 응해주는 것이 좋은 성생활이 될 수 있습니다.

이노우애 : 음문에 사정해주면 좋으련만 왜 굳이 입에다 하려는지
남성들의 마음은 알 수가 없어요.

역　　산 : 또 남성이 원하는 좋은 성생활을 위해서는 낮에는 귀부
인처럼 행동하고 밤에는 창녀처럼 행동해야 하며 여성
은 자신의 성기 손 입 가슴 엉덩이 몸 전신을 총동원해
야 여성의 성적인 고민을 해소하는 비법이 됩니다.

이노우애는 「여성의 성적 고민을 해결하는 비법」을 메모했다.

① 진실한 애정을 갖고 존경하는 마음으로 성생활에 임한다.

② 성생활이란 몸 전신을 이용하는 것임을 생각해야 한다.

③ 흥분하는 즐거운 신음소리를 많이 내며 연극을 한다.

④ 자존심을 버리고 남편이 원하는대로 응해준다.

⑤ 성적인 헌신과 봉사는 여성의 의무임을 잊지 않는다.

⑥ 손으로 남편의 성기를 애무하는 것도 좋은 성생활이다.

⑦ 입으로 남편의 성기를 애무하는 것도 좋은 성생활이다.

⑧ 낮에는 귀부인처럼 행동하고 밤에는 창녀처럼 행동한다.

10. 남자가 반드시 갖춰야 할 무기

다깨야가 싱글대며 다시 질문했다.

다깨야 : 남자는 무엇을 갖춰야 대우를 받고 행복하게 잘 살아 갈
　　　　수 있습니까?

역　산 : 남성은 능력을 구비하는 것이 제일 중요합니다. 즉 경제
　　　　력과 권력이 중요하고, 건강해서 정력을 갖추면 아주 좋
　　　　습니다. 그러나 남성은 무엇보다 책임감이 강해야 합니다.

다깨야 : 경제력과 권력과 정력이 중요한 무기군요.

역　산 : 남자가 경제력을 갖추지 못하면 대우받기 어렵고, 또 권
　　　　력이 없어도 대우받기 어렵지요. 또 정력도 아주 중요한
　　　　능력입니다. 이 세 가지를 모두 갖추면 일등 남성, 한 가
　　　　지만 갖추어도 2등 남성, 하나도 갖추지 못하면 꼴찌 남
　　　　성이지요. 아무튼 남자는 경제력과 권력, 정력 중에 어느
　　　　하나는 갖춰야 합니다.

다깨야 : 역시 남자에게는 경제력과 권력과 정력이 제일이군요.

역　산 : 만일 재관(財官)을 구비하지 못했다면 유명인이 되어 인
　　　　기를 얻고, 그 이름을 널리 날려야 합니다. 유명한 연예인
　　　　이 된다거나 아니면 유명한 스포츠맨이 된다거나 아니면
　　　　특별한 재능을 가지므로 유명인이 되면 됩니다.

다깨야 : 저는 특별한 재능이 없으니 걱정입니다.

역　산 : 다음은 남성은 게으르면 안됩니다. 부지런하고 성실해야

합니다. 설사 재관을 구비하지 못했고, 유명인이 아니더라도 부지런하고 성실하면 대우받게 됩니다.

다깨야 : 저는 근면하고 성실한 것은 할 수 있을 것 같습니다.

역　산 : 다음으로 남성이 갖출 것은 책임감입니다. 그리고 불의의 사욕에서 일어나는 혈기를 참아야 합니다. 함부로 혈기를 부리면 안 되지요. 그리고 대인관계에서 예의범절을 잘 지켜야 남자라고 할 수 있습니다.

다깨야 : 남자로 살아가는 것도 쉽지 않군요.

역　산 : 다음으로 남성이 구비할 것은 아내를 위하여 성적인 봉사를 잘해야 하고, 군자답게 언행이 일치해야 합니다. 그리고 예절을 벗어나는 복장을 피하고 단정해야 합니다. 그리고 남자는 국민의 의무에 성실해야 합니다.

다깨야는 고개를 흔들며 「남성이 갖춰야 할 무기」를 메모했다.

① 남성은 능력인데 경제력과 권력과 정력을 구비한다.

② 유명인이 되어 인기를 얻고 이름을 사해에 날려야 한다.

③ 남성은 부지런하고 성실해야 한다.

④ 가족들의 행복과 안전을 위해 책임감이 강해야 한다.

⑤ 불의의 사욕에서 일어나는 혈기를 제거해야 한다.

⑥ 남성은 대인관계에서 예의범절에 엄정해야 한다.

⑦ 남성은 아내를 위하여 성적인 봉사를 잘해야 한다.

⑧ 군자답게 말과 행동이 일치해야 한다.

11. 부모와의 대립을 해결하는 비법

어느날 30대 중반의 남자가 찾아왔다.

■ **마쯔오까 : 건명(乾命)**

년	월	일	시
丙	甲	戊	辛
午	午	午	酉

乙丙丁戊己庚辛
未申酉戌亥子丑

역　　산 : 부모님과 대립이 심한가 보군요.

마쯔오까 : 죄송합니다. 전 매사 어머니와 충돌합니다. 아버지는 일
　　　　　찍 돌아가셔서 별로 기억이 없고 홀어머님과 살았습니
　　　　　다. 어머님도 알고 보면 불쌍한 분인데, 어떻게 하면 어
　　　　　머니와 대립하는 문제를 해결할 수 있을까요. 좋은 비
　　　　　법이라도 있으면 알려주세요.

역　　산 : 효도는 만 가지 행함에 근본입니다. 모든 선행 중에서
　　　　　효도하는 것보다 큰 것은 없지요.

　하며 한시를 한 구절 썼다. 만행근본부모효(萬行根本父母孝). 만
가지 행함에 근본은 부모님께 효도하는 것이다는 뜻이다. 마쯔오까
는 고개를 끄덕였다.

마쯔오까 : 마음으로는 알고 있습니다만 실천이 안됩니다.

역　　산 : 불설교시 십종은덕(佛說教示 十種恩德)이라. 부처님 말

씀에 어머니는 열 가지의 큰 은혜가 있다고 하셨습니다. 첫째는 회태수호(懷胎守護)입니다. 어머니는 아기를 뱃속에 품고 열 달을 지켜주신 은혜가 있어요. 둘째는 임생수고(臨生受苦)입니다. 해산의 수고하신 은혜가 있습니다. 셋째는 생자망우(生子忘憂)입니다. 자식이 태어나니 해산의 고통을 잊으신 은혜입니다. 넷째는 유포양육(乳哺養育)입니다. 젖을 먹여 기르신 은혜입니다. 다섯째는 회건취습(廻乾就濕)입니다. 진자리 마른자리 갈아주신 은혜입니다. 여섯째는 세관부정(洗灌不淨)입니다. 깨끗하게 목욕시켜 주신 은혜입니다. 일곱째는 연고토감(嚥苦吐甘)입니다. 쓴 것은 어머니가 드시고 단것을 뱉어 먹이신 은혜입니다. 여덟째는 위조악업(爲造惡業)입니다. 자식을 위해서는 무엇이든 하시는 은혜입니다. 아홉째는 원행억념(遠行憶念)입니다. 자식이 멀리 나가면 어머니 마음은 항상 따라다니는 은혜입니다. 열째는 구경연민(究竟憐愍)입니다. 어머니는 자식을 영원히 사랑하시는 은혜입니다.

하며 평소에 즐겨하는 어머님 은혜를 독송했다.

여러 겁을 내려오며 인연이 중하여서
어머니의 태를 빌어 금생에 태어날 때
날이 가고 달이 져서 오장이 생겨나고

일곱 달이 접어드니 육정(六精)이 열렸어라.

이 한 몸이 무겁기는 산악과 한 가지요.

가나오나 서고안고 풍재(風災)가 겁이 나며

아름다운 비단옷도 도무지 뜻 없으니

단장하던 경대에는 먼지만 쌓였더라.

아기를 몸에 품고 열 달이 다 차가서

어려운 해산달이 하루하루 다가오니

하루하루 오는 아침 중병들은 몸과 같고

하루하루 깊어가니 정신조차 아득해라.

두렵고 떨리는 마음 무엇으로 형용할까.

근심은 눈물되어 가슴 속에 가득하니

슬픈 생각 가이 없어 친족들을 만날 때면

이러다가 죽지 않나 이것만을 걱정하네.

자비하신 어머니가 그대를 낳으신 날

오장육부 그 모두를 쪼개고 헤치는 듯

몸이나 마음이나 모두가 끊어졌네.

짐승 잡은 자리같이 피는 흘러 넘쳤어도

낳은 아기 씩씩하고 충실하다 말 들으면

기쁘고 기쁜 마음 무엇으로 비유할까.

기쁜 마음 정해지자 슬픈 마음 또 닥치니

괴롭고 아픈 것이 온몸에 사무친다.

중하고도 깊고 깊은 어머님의 큰 은혜요.

사랑하고 보살피심이 어느 때인들 끝이 날까.

단 것이란 다 뱉으니 잡수실 게 무엇이며

쓴 것만을 삼키어도 밝은 얼굴 잃지 않네.

사랑하심 중하시사 깊은 정이 끝이 없어

은혜는 더욱 깊고 슬픔 또한 더 하셔라.

어느 때나 어린아기 잘 먹일 것 생각하니

자비하신 어머님은 굶주림도 사양치 않네.

어머니 당신 몸은 젖은자리 누우시고

아기는 받들어서 마른자리 눕히시네.

양쪽의 젖으로는 배고픔을 채워주고

고운옷 소매로는 찬바람을 가려주네

은혜로운 그 마음에 어느 땐들 잠드실까.

아기의 재롱으로 기쁨을 다하시네

오로지 어린아기 편안할 것만 생각하고

자비하신 어머니는 편안할 것 구하지 않네.

어머님의 중한 은덕 땅에다 비유할까

아버님의 높은 은덕 하늘에다 견줘볼까

하늘 은덕 땅의 은덕 이 은혜를 크다 하랴

아버지와 어머니의 크신 은덕 그를 넘네.

아기 비록 눈 없어도 미워할 줄 모르시고

손과 발이 불구라도 싫어하지 않으시네.

배가르고 피를 나눠 친히 낳은 자식이라

종일토록 아끼시고 사랑하심 한이 없네.

죽어서 헤어짐도 참아가기 어렵지만

살아서 헤어짐은 아프고 서러워라.

자식이 집을 나가 먼 길을 떠나가니

어머니의 모든 마음 타향 밖에 나가 있네

밤낮으로 그 마음은 자식 뒤를 따라가고

흐르는 눈물줄기 천 줄기인가 만 줄기인가.

원숭이 달을 보고 새끼 생각 울부짖듯

염려하는 생각으로 간장이 다 끊기네.

부모님의 은혜가 강산같이 중하거니

깊고 깊은 그 은덕은 실로 갚기 어려워라.

자식의 괴로움은 대신 받기 원하시고

자식이 고생하면 부모 마음 편치 않네.

자식이 머나먼 길 떠난다고 들을 때면

잘 있는가 춥지는 않는가 밤낮으로 걱정이고

자식들이 잠시 동안 괴로운 일 당할 때면

어머님의 그 마음은 오래 두고 아프셔라.

부모님의 크신 은덕 깊고도 중하여라

크신 사랑 잠시라도 끊일 사이 없으시니

앉으나 일어서나 그 마음이 따라가고

멀든지 가깝든지 크신 뜻은 함께 있네

어머니 나이 높아 백살이 되었어도

팔십 살 된 그 아들을 어느 때나 걱정하네.

이와 같은 크신 사랑 어느 때나 끝이 날까

수명이나 다 하시면 그때서나 쉬게 될까.

마쯔오까 : 죄송합니다. 부모님의 은혜가 그렇게 큰 것인 줄 처음
　　　　　 알았습니다. 이제부터라도 마음을 돌려 저도 효자가 되
　　　　　 도록 노력하겠습니다.

　마쯔오까는 눈물을 흘렸다.

마쯔오까 : 제 사주는 어떤가요. 사주에 불효자의 사주를 타고 난
　　　　　 것인가요?

역　　산 : 당신의 일간(日干)은 무토(戊土)입니다. 무토(戊土)는
　　　　　 성격이 후덕하며 책임감이 강하고 진취적입니다. 그러
　　　　　 나 고집이 세고 성격이 급하며 단순합니다. 더구나 신
　　　　　 강사주는 그 성급함을 막을 길이 없습니다.

마쯔오까 : 맞습니다. 저도 성격이 문제라는 것을 알고 있습니다.

역　　산 : 선조의 인연은 아버지계의 선조들이 음식을 남들에게
　　　　　 보시한 공덕이 있기 때문에 식복은 따르게 됩니다.

마쯔오까 : 그렇군요. 저는 어딜 가도 먹을 복은 따르더군요. 그런
　　　　　 데 구설이 많은 편인데 무슨 이유인가요?

역　　산 : 그것은 선조들이 입으로 죄를 지은 구업의 업장이 많기
　　　　　 때문에 구설이 따르는 것입니다.

마쯔오까 : 제가 불효하는 것은 무슨 이유 때문인가요?

역　　산 : 인수(印綬)가 기신(忌神)이기 때문에 부모덕이 없고 학
　　　　　문운이 부족한 것입니다. 인수는 어머니에 해당하는데
　　　　　기신(忌神)이니 불효하는 것입니다. 또 인수성은 학문
　　　　　의 별이기 때문에 중학교 밖에 다니지 못한 것입니다.

마쯔오까 : 전 무슨 직업을 가져야 먹고사는데 지장이 없을까요?

역　　산 : 상업이 길합니다. 무역·금융·유통·외교관·상업·청
　　　　　부업·중개업 등이 좋습니다. 그리고 오행으로 보면 물
　　　　　이나 식품과 관계 있는 일이 좋습니다. 요식·다방·레
　　　　　스토랑·카페·목욕탕·중개업·무역·의사·약사·교
　　　　　사·여관·장의사·식품·수도·술집·양어장·유통·
　　　　　수산업 등이 길합니다. 그러나 그릇이 작은 사주이기
　　　　　때문에 회사원이나 단체에 의존하는 것이 좋습니다.

마쯔오까 : 그렇군요. 그럼 저는 어떤 시기가 좋은가요?

역　　산 : 천간(天干)에서는 경(庚)·신(辛)·임(壬)·계(癸)년이
　　　　　들어오는 해이고, 지지(地支)로 보면 신(申)·유(酉)·
　　　　　해(亥)·자(子)년이 들어오는 해입니다.

마쯔오까 : 길한 색상은 어떤 색상인가요?

역　　산 : 백색과 흑색이고, 어두운 색상과 군청색도 좋아요.

마쯔오까 : 길한 방위는 어느 쪽인가요?

역　　산 : 북방위와 서방위입니다.

마쯔오까 : 길한 수리는 어떤 수리인가요?

역　　산 : 4·9·1·6입니다.

마쯔오까 : 하루로 볼 때 길한 시간은 언제인가요?

역　　산 : 길한 시간은 저녁과 밤입니다.

마쯔오까 : 길한 지명은 어떤 글자입니까?

역　　산 : 금(金)·서(西)·추(秋)·백(白)·의(義)·양(羊)·차 (車)·경(庚)·신(辛)·신(申)·유(酉)·수(水)·북 (北)·동(冬)·흑(黑)·야(池)·한(寒)·해(海)·임 (壬)·계(癸)·해(亥)·자(子)입니다. 이러한 글자가 들 어가는 곳에 살면 좋고, 이름이나 상호에도 들어가면 좋습니다.

마쯔오까 : 그럼 건강운은 어떤가요?

역　　산 : 사주를 보면 금수(金水)가 부족하고 화기(火氣)가 태왕 (太旺)하여 호흡·대장·근골·신장·방광·혈액 등에 질병이 나타날 수 있습니다.

마쯔오까 : 인연이 좋은 물건은 어떤 것들인가요?

역　　산 : 금속·시계·선풍기·반지·열쇠·차·금·은·보석· 냉장고·물·음료수·어항·수족관 등입니다.

마쯔오까 : 저의 수호신은 어떤 신(神)인가요?

역　　산 : 용왕신이니 용왕신께 축원을 많이 하면 개운이 됩니다.

■ 용왕대신축원문(龍王大神祝願文)

동해용왕 광연광신(東海龍王 廣淵光神)

남해용왕 광태광신(南海龍王 廣太光神)

서해용왕 광덕광신(西海龍王 廣德光神)

북해용왕 광설광신(北海龍王 廣雪光神)

동해용궁 아명장군(東海龍宮 阿明將軍)

남해용궁 축융장군(南海龍宮 祝融將軍)

서해용궁 거승장군(西海龍宮 巨乘將軍)

북해용궁 융강장군(北海龍宮 融强將軍)

용왕대신 항내조아(龍王大神 恒來助我)

만사순성 일심기원(萬事順成 一心祈願)

옴…. 급급여율령(옴…急急如律令)

12. 부부간의 대립을 해결하는 비법

어느날 40대 중반의 여인이 찾아왔다. 눈가에 시퍼런 멍이 든 것을 보니 남편에게 얻어맞은 것이라는 생각이 들었다.

■ 쯔나기 : 곤명(坤命)

    년   월   일   시

    戊   庚   癸   辛   己戊丁丙乙甲癸

    戌   申   未   酉   未午巳辰卯寅丑

사주를 세우고 한시를 하나 내놓았다.

■ 동주(同舟)

음양조화 생명탄생(陰陽調和 生命誕生)

혈통연결 만복근원(血統連結 萬福根源)

부부일신 위생위사(夫婦一身 爲生爲死)

진실부부 선희선수(眞實夫婦 先犧先授)

부부동주 공동운명(夫婦同舟 共同運命)

가정원화 만사개성(家庭圓和 萬事皆成)

음양의 대표인 부부가 조화하면 생명이 탄생하며

자녀가 태어나면 혈통이 연결되니 만복의 근원일세.

부부는 한 몸이니 서로를 위해 살고 서로를 위해 죽으며

진실한 부부는 서로가 먼저 희생봉사하고 먼저 주며

부부는 하나의 배를 타고가는 입장이니 공동운명이며

가정이 원만하고 화합하면 만사가 다 잘된다.

역 산 : 이 글을 중이 염불하듯이 많이 독송하고 실천하면 틀림없
       이 부부사이가 좋아질거요.

쪼나기 : 좀더 구체적으로 설명해주시면 고맙겠습니다.

역 산 : 부부는 음양의 대표입니다. 따라서 부부가 조화를 잘 이
       루면 생명이 탄생하는 축복이 나타납니다. 그리하여 자녀
       가 태어나면 혈통이 연결되니 만복의 근원이지요. 부부는
       한 몸입니다. 그래서 서로가 서로를 위해서 살고 위해서

대신 죽을 수 있는 사이가 되어야 합니다. 진실한 부부는 서로 먼저 희생봉사하며 사랑과 모든 것을 주어야 합니다. 한 배를 타고 가는 입장이니 공동운명입니다. 따라서 가정이 원만하고 화합하면 만사가 다 잘 이루어지는 법이지요.

쓰나기 : 그럼 우리 남편놈의 사주를 한 번 봐주세요. 왜 자기 마누라를 개패듯이 패대는지 알고 싶어요.

쓰나기는 남편의 생년월일을 말했다.

■ 쓰나기 남편 : 건명(乾命)

```
년  월  일  시
戊  壬  丁  壬      癸甲乙丙丁戊己
戌  戌  亥  寅      亥子丑寅卯辰巳
```

역　산 : 일간(日干)은 정화(丁火)입니다. 그래서 성품은 온화하며 재주가 있습니다. 외모는 싹싹하며 정서도 부드럽고, 천연하며 성실하고 고요한 성품입니다.

쓰나기 : 잘할 때는 그러한 면도 있어요. 그런데 술만 들어가면 폭력배로 둔갑하지요.

역　산 : 그리고 신경이 예민하며 취미도 풍부하고 기억력이 우수합니다. 생각하는 것이 용의주도하나 그것이 오히려 발전에 장애가 되기도 합니다. 언동이 정서적이라 경솔함이 없이 침착합니다. 표현은 온화하고 소극적으로 보이나 내심으로는 조급성을 내포하고 있지요. 또 좋고 나쁜 것을 얼굴에 잘 나타내지 않습니다. 언쟁을 싫어하는 까닭에 인간관계는 원만합니다. 순정파이지만 질투가 많아 이성관계로 구설수가 많이 따르게 되지요.

쯔나기 : 예 맞아요. 평소에는 참 자상해요. 그런데 술이 문제입니다. 부부운은 어떤가요?

역　산 : 부부운을 보니 두 사람 사이에는 높은 장벽이 가로막혀 있어 종종 전쟁이 일어납니다. 도중에 이별이 두렵군요. 천지신명께 축원을 많이 올리세요.

쯔나기 : 역시 부부사이에 장벽이 있었군요. 시어머니께 남편이 어려서 잔병을 많이 앓았다는 얘기를 들었어요.

역　산 : 그렇군요. 초년운을 보니 10세를 전후하여 초년에 병약하여 단명할까 염려되었군요. 어머니가 명산대천에 축원하여 건강을 기원했기에 수명을 연장했습니다. 초년운이 불리하여 사고를 당하거나 질병이 두렵고 단명운도 있으니 자동차나 위험한 물건을 조심해야 합니다.

쯔나기 : 시어머님이 남편은 교통사고로 여러 달을 입원한 적도 있었다고 하더군요. 초년에 부모님이 이혼하고 파란만장 했나봐요. 그럼 중년운은 어떤가요?

역　산 : 남편의 중년운도 별로 좋지 않군요. 육친무덕으로 일신이 고독하며 뜬구름 같은 인생이나 참고 견디면 길운이 오지

요. 재물이 일시적으로 들어오나 창고에 도적이 들어 절
반을 잃게 됩니다.

쯔나기 : 맞아요. 돈이 들어오긴 하는데 마치 밑빠진 독처럼 금방
빠져나가 버려요. 그럼 앞으로 돌아올 말년은 어떤가요?

역 산 : 말년운은 매사에 마장이 많으니 고전의 세월입니다. 만사
가 불통하니 작은 이익에 만족해야 안심입명하지요. 일생
이 별로 좋은 운은 없군요. 말년에 의식주는 풍족합니다.

쯔나기는 한숨을 푹푹 내쉬었다.

쯔나기 : 운세 모양이 좀 많이 더러운 팔자군요. 그럼 우리 남편은
무엇을 하면 돈을 좀 벌 수 있을까요?

역 산 : 공부를 했다면 교육계통이 길하고, 의사·평론가·기사·
운명가·문화·예술·학술·지식·생산업이 좋지요.

쯔나기 : 공부를 못했어요. 중학교도 제대로 못나왔어요. 학문계통
말고 다른 직업은 어떤 것이 있나요?

역 산 : 다른 계통은 전자제품·보일러·건축·의식주계통도 좋
습니다. 그러나 원래 그릇이 작은 사람이라 작은 이익에
만족해야 합니다.

쯔나기 : 그럼 남편에게는 언제쯤이나 좋은 운이 올까요?

역 산 : 남편에게 길한 해는 천간(天干)에서는 갑을병정(甲乙丙
丁)이 들어오는 해이고, 지지(地支)에서는 사오인묘(巳午
寅卯)년이 들어오는 해입니다.

쯔나기 : 좋은 색상은 어떤 것인가요?

역　산 : 초록색과 적색과 분홍색인데 이러한 물건을 가지면 좋습니다. 지갑이나 가방이나 기타 여러 가지 몸에 지닐 수 있는 물건 중에 이러한 색상이면 좋습니다.

쯔나기 : 좋은 방위는 어느 쪽인가요?

역　산 : 남방위와 동방위인데 잠을 잘 때 머리 방향이 남이나 동으로 향해도 좋습니다.

쯔나기 : 수리운은 어떤가요?

역　산 : 3·8·2·7이니 이러한 수리가 통장의 비밀번호나 전화번호에 들어가면 좋습니다.

쯔나기 : 참으로 재미있군요. 그럼 좋은 시간은 언제인가요?

역　산 : 길한 시간은 아침과 낮입니다.

쯔나기 : 방위나 색상이나 수리도 많이 좌우하는군요. 만일 자영업을 한다면 어떤 글자가 들어가는 이름이 좋은가요?

역　산 : 남편에게 길한 글자는 목(木)·동(東)·춘(春)·청(靑)·인(仁)·온(溫)·임(壬)·갑(甲)·을(乙)·인(寅)·묘(卯)·화(火)·남(南)·하(夏)·적(赤)·복(禮)·서(暑)·염(炎)·병(丙)·정(丁)·사(巳)·오(午)입니다. 이 중에서 마음에 드는 글자를 골라 상호에 쓰면 되지요.

쯔나기 : 그렇군요. 그럼 건강운은 어떤가요?

역　산 : 사주에 토기(土氣)와 금기(金氣)가 많고 화기(火氣)가 부족하여 간장·담·소화·심장·소장·혈액 등에 질병이 나타날 수 있지요.

쯔나기 : 그래서 남편이 간장과 혈액에 질병이 있는 것이군요. 그 럼 인연이 좋은 물건은 무엇인가요?

역　산 : 남편에게 길한 물건은 나무·가구·목재·나무책상·조 명·전기·가스렌지·촛불·난로 등입니다.

쯔나기 : 제 사주는 어떤가요?

역　산 : 당신의 일간(日干)은 계수(癸水)입니다. 때문에 성격은 침착하며 얌전하고 철두철미합니다. 지성도 있고 냉정합 니다. 그러나 혈기가 강하여 격하기 쉽고, 소견이 넓지 못 한 것이 단점입니다.

쯔나기 : 맞아요. 제 성격이 모가나서 남편에게 맞는지도 몰라요.

역　산 : 그러나 장점은 근면하며 노력가로 환난을 당해도 인내하 며 극복합니다.

쯔나기 : 맞아요. 인내심이 강하기 때문에 매일 맞으며 살아도 도 망가지 않고 지내왔지요.

역　산 : 천성은 정직하고 독실하지만 너무 침착하며 완고한 편입 니다. 유연성과 융통성이 부족하고, 독단·독행·독주하는 경우가 많습니다.

쯔나기 : 선조의 인연은 어떤가요?

역　산 : 어머니계의 4·9대 선조님이 적선한 공덕이 있고, 아버지 계의 6·11대 선조는 살생한 업장이 있습니다.

쯔나기 : 그렇군요. 그럼 전 어떤 사람과 동업하면 좋은가요?

역　산 : 12·1·2월생이 좋고, 6·7·8월생은 흉합니다.

쯔나기 : 저희 두 사람 궁합은 어떤가요?

역　산 : 부부운은 부부가 상극이니 종종 충돌이 있습니다. 장벽이 가로막혀 서로 미워하니 병마가 침범합니다. 때문에 부부 간에 갈등이 많고 전쟁이 끝날 날이 없었던 것입니다. 부 부화합기도문을 많이 읽으며 정성을 드리세요.

쯔나기 : 전 어려서 고생하며 자랐는데 초년운은 어떤가요?

역　산 : 초년운은 환경이 불리하여 매사 흉은 많고 길은 적습니 다. 고생하는 것은 운세의 불리함 때문이지요. 초년운은 환경이 불리하여 뜻을 얻지 못합니다. 수고는 많이 해도 이익이 적은 것은 운세가 불리한 탓이지요. 그러나 이제 는 다 지나간 운입니다.

쯔나기 : 중년운은 어떤가요? 지금도 남편에게 얻어맞고 사는데…

역　산 : 중년운은 뜻밖의 사고를 당하거나 병마의 침범으로 입원 하여 모든 계획이 큰 차질이 생겨 안타깝습니다. 그러나 운세가 점점 개운되니 직업에 점점 안정을 얻고 즐거움이 많고 슬픔은 적습니다. 조금만 더 참고 견디세요.

쯔나기 : 개운된다니 다행이군요. 그럼 말년운은 어떤가요?

역　산 : 말년운은 평안합니다. 부부간에 화합도 잘되고 자녀들도 효도하며 즐거운 노년을 보낼 것입니다.

　하고 말하자 쯔나기씨는 얼굴에 화기가 돌았다.

쯔나기 : 감사합니다. 전 특별히 배운 것이 없어 친척의 식당에서 일하는데, 식당 일은 제게 맞나요?

역　산 : 사람이 살아가는데 무엇보다 중요한 것이 직업입니다. 당
　　　　신의 운으로 보면 식신(食神)이 용신이기 때문에 식당과
　　　　인연이 좋습니다. 식당을 하면 틀림없이 성공할 겁니다.
　　그녀는 기분이 아주 좋은 표정을 지으며 자리에서 일어났다.

13. 형제간의 대립을 해결하는 비법

　어느날 오후 40대 중반으로 보이는 남자가 들어왔다. 얼굴이 도적
놈처럼 험상궂으며 불만이 가득찬 표정이었다. 그는 7남매인데 형
제들과 대립이 심하여 형제가 아니라 원수라고 했다.

■ **소메야 : 건명(乾命)**

　년　월　일　시
　癸　丙　戊　丙　　乙甲癸壬辛庚己
　巳　辰　戌　辰　　卯寅丑子亥戌酉

역　산 : 사주를 보니 형제간에 많이 싸울 팔자네요. 전문용어로는
　　　　군비쟁재(群比爭財)라고 합니다. 밥 한 그릇을 놓고 형제
　　　　들이 서로 많이 먹으려고 싸우는 형상입니다.
소메야 : 예 맞습니다. 부모님에게 물려받은 상가건물 한 채와 토
　　　　지가 좀 있는데 서로 많이 차지하려고 싸움을 합니다.

역 산 : 그럼 건물과 토지를 팔아서 똑같이 나누지요?

소메야 : 요즘 건물이나 토지가 잘 팔리지 않아서 문제입니다. 그
          건 그렇고 선생님 저는 왜 형제간에 우애가 없고 많이 싸
          우나요. 도대체 형제란 무엇입니까?

역 산 : 형제는 한 부모의 기운을 받은 소중한 인연입니다.

옛글에서 형제에 대한 한시를 찾아 설명했다.

■ 동기이생(同氣而生)

형제자매 동기이생(兄弟姉妹 同氣而生)

형우제공 불감원노(兄友弟恭 不敢怨怒)

골육수분 본생일기(骨肉雖分 本生一氣)

형체수이 본수일혈(形體雖異 本受一血)

비지어목 동근이지(比之於木 同根異枝)

인륜지중 충효위본(人倫之中 忠孝爲本)

형제와 자매는 같은 기운을 받고 태어났으니

형제는 우애가 중요한데 원망과 분노는 없어야 한다.

골육은 비록 나뉘었지만 본생은 하나의 기운이며

형체는 비록 다르나 본래 받은 혈통은 하나이다.

나무에 비유하자면 같은 뿌리에 다른 가지처럼

인간의 윤리도덕 중에 충효가 제일 근본이다.

14. 자녀와의 대립을 해결하는 비법

소메야는 다시 질문을 했다.

소메야 : 저는 부끄럽게도 자식들과도 대립이 심합니다. 자식과 대립하는 문제를 해결하는 좋은 비법은 없나요?

역　산 : 부모와 자녀간에 대립하고 갈등하는 것은 전적으로 부모에게 책임이 있다고 봅니다. 즉 부모가 먼저 정도를 행하면 자녀는 자연히 효도를 하는 것이 진리입니다. 자녀들과 의견대립이 많다면 그것은 당신이 부모님께 불효를 많이 했다는 증거입니다.

이렇게 노골적으로 말하자 소메야는 고개를 끄덕였다.

소메야 : 맞습니다. 제가 부모님께 불효한 것처럼 자식들이 제게 불효를 합니다. 그럼　어떻게 해야 할까요?

역　산 : 당신의 마음이 중요합니다. 당신이 먼저 바르게 깨닫고 바르게 행하며 바른 마음으로 효도하는 것이 중요합니다.

소메야 : 제가 먼저 부모님께 효도하는 것이 중요하군요. 그럼 다음은 또 무엇이 있나요?

역　산 : 먼저 부부간에 화합하고, 형제간에 우애 있게 지내야 자녀들도 당신을 존경하고 따를 것이요.

소메야 : 그렇군요. 또 다른 방법은 없을까요?

역　산 : 먼저 사회에 봉사하며 공덕을 많이 쌓아야 합니다.

소메야 : 예. 또 다른 비법이 있나요?

역　산 : 부모가 대신 수고하고 애국하고 충성해야지요.

소메야 : 쉬운 것은 아니군요. 또 있나요?

역　산 : 부모는 뿌리이고 자녀는 열매입니다. 즉 뿌리를 잘 배양
　　　　해야 꽃과 열매가 영화로움을 누리는 것입니다.

소메야 : 결국은 부모가 바른길을 가야 자식들과 화합이 잘된다는
　　　　뜻이군요.

역산 : 당연하지요. 부전자전이라는 말도 있지 않습니까.

■ 부모도(父母道)

부모정도 자녀효도(父母正道 子女孝道)

정각정행 정심효도(正覺正行 正心孝道)

부부화합 형제우애(夫婦和合 兄弟友愛)

사회봉사 적선공덕(社會奉仕 積善功德)

대신수고 애국충성(代身受苦 愛國忠誠)

근본배양 화실영달(根本培養 花實榮達)

부모가 먼저 정도를 행하면 자녀는 자연히 효도하며

부모가 바르게 깨닫고 바르게 행하며 바른 마음으로 효도하며

부모가 먼저 부부간에 화합하며 형제간에 우애 있게 지내며

부모가 먼저 사회에 봉사하며 적선의 공덕을 많이 쌓으며

부모가 자녀를 위해 대신 수고하고 애국하고 충성하며

부모는 뿌리이고 자녀는 열매이니 근본배양 화실영달이다.

제3장. 출세와 성공하는 비법

이 장에서는 부동산이나 주식에 투자하여 부자가 되는 비법과 선조공양, 도리, 사리에 총명하여 가업을 일으키는 비법을 소개한다.

1. 부자가 되는 비법

어느날 오후 30대 후반으로 보이는 남자가 들어왔다.

■ 요시다 : 건명(乾命)

년	월	일	시						
丙	戊	壬	乙	己	庚	辛	壬	癸	甲	乙
午	戌	子	巳	亥	子	丑	寅	卯	辰	巳

요시다 : 선생님, 저도 부자가 되고 싶어요. 무엇을 어떻게 해야 부자가 될 수 있나요?

역　산 : 첫째, 근면하며 검소하고 절약하는 것입니다.

요시다 : 저도 열심히 일을 했습니다. 그래도 돈이 모이질 않아요.

역　산 : 둘째는 아무리 힘들어도 일정 금액을 저축해야 합니다.

요시다 : 저축이 중요하군요.

역　산 : 셋째는 티끌모아 태산이란 교훈을 잊지 말아야 합니다. 저 많은 바닷물도 작은 물이 모여서 된 것입니다.

요시다 : 티끌모아 태산이군요.

역　산 : 넷째는 돈을 하나님처럼 소중하게 생각하며 황금만능주의적인 생각을 가져야 합니다. 돈을 소중하게 생각해야 돈의 수호신이 도와줍니다.

요시다 : 황금만능주의적인 생각도 필요하군요.

역　산 : 다섯째는 돈을 함부로 낭비하면 돈의 수호신이 떠나가니 돈을 함부로 낭비하지 말아야 부자가 됩니다.

요시다 : 낭비는 금물이군요.

역　산 : 여섯째는 수입의 일부는 항상 공익단체에 헌금하여 적선의 공덕을 쌓아야 돈의 수호신이 기뻐하고 돈이 모이게 되지요. 그리고 사리에 총명한 지혜를 가져야 돈을 많이 모을 수 있고, 또 취할 것과 버릴 것을 잘 가려야 부자가 되지요.

■ 축재비법(蓄財秘法)

근검절약 약정저축(勤儉節約 約定貯蓄)

적소성대 황금귀중(積小成大 黃金貴重)

낭비금지 공익헌금(浪費禁止 公益獻金)

사리총명 취사선택(事理聰明 取捨選擇)

■ 부자가 되는 비법

① 근면하고 성실하며 검소 절약이 부자가 되는 비법이며

② 아무리 힘들어도 일정 금액을 반드시 저축을 해야 하며

③ 티끌모아 태산이란 교훈이 최상의 비결이니 잊지 말며

④ 돈은 아주 귀중한 것이라는 생각을 철저하게 가지며

⑤ 돈을 함부로 낭비하면 돈의 수호신이 떠나가니 조심하며

⑥ 수입의 일부는 항상 공익단체나 이웃에 헌금하며

⑦ 사리에 총명한 지혜를 가져야 돈을 많이 모을 수 있으며

⑧ 취할 것과 버릴 것을 잘 가려야 부자가 된다.

요시다 : 그럼 제 사주를 좀 봐주세요.

역　산 : 일간(日干)이 임수(壬水)라 천성이 너그럽고 재주도 있습니다. 원만하며 점잖고 인자하며 인심이 좋으니 호인입니다. 온화하며 관대하고 친절하며 동정심이 많지요.

요시다 : 너무 칭찬을 많이 하시는군요.

역　산 : 인의에 후덕하며 화합심이 원만합니다. 남의 일을 돌보는

것을 좋아하는 까닭에 인정이 많다는 소리를 들으나 가족들은 고생시키는 경향이 많습니다.

요시다 : 딱 맞아요.

역 산 : 재질이 풍부하고 총명하여 사람 사귀는 것을 좋아합니다. 인정이 지나쳐 자기의 본분을 잃는 수가 많습니다.

요시다 : 예 맞아요. 동정심이 많아요.

역 산 : 자신감만 강할 뿐 과단성이 미약하므로 환난을 돌파하지 못합니다. 은덕이 부족하여 은혜를 베풀고도 이익을 보지 못하는 경향이 있습니다.

요시다 : 쪽집게시군요. 인덕이 별로 없어요.

역 산 : 주저하다 때를 놓치는 경우가 많습니다.

요시다 : 예 그렇습니다. 성격은 누구와 잘 맞나요?

역 산 : 천간(天干)으로 본다면 정(丁)·신(辛)·계(癸)·을(乙)일생의 배우자나 친구가 좋습니다.

요시다 : 선조의 인연은 어떤가요?

역 산 : 아버지계의 3·8대 선조의 덕담공덕이 있고, 그 선조님이 도와줍니다. 그러나 아버지계의 6·11대 선조의 업장이 있습니다.

요시다 : 무슨 업장인가요?

역 산 : 남을 많이 구박했거나 색정의 업장입니다.

요시다 : 동업은 누구랑 하면 좋은가요?

역 산 : 길한 인연은 2·3·4월생이고, 흉한 인연은 8·9·10월생

입니다.

요시다 : 부부운은 어떤가요? 부부싸움을 많이 하는데….

역　산 : 부부운은 업장이 사라지지 않았으니 계속 공덕을 쌓아야
　　　　합니다. 부부간에 전쟁운이 아직 많이 남아 있습니다. 인
　　　　내하면서 극복하면 회복할 수 있습니다.

요시다 : 앞으로 몇 년을 더 부부싸움을 해야 끝날까요?

역　산 : 앞으로 15년은 더 싸워야 부부전쟁이 사라지겠군요. 50세
　　　　중반은 넘어가야 싸움이 끝납니다.

요시다 : 초년운은 어떤가요?

역　산 : 10세 전후의 초년운은 처처에서 인기가 좋으니 만사형통
　　　　입니다. 사방에서 친구가 모여들고 환경이 70% 이상 길합
　　　　니다. 그리고 20세 전후의 초년운도 즐거움은 많고 슬픔
　　　　은 적으니 비교적 좋습니다. 그러나 가끔 고민도 있지요.

요시다 : 예, 그렇게 지내왔어요. 그럼 중년운은 어떤가요?

역　산 : 중년운은 뜻밖의 사고를 당하거나 병마의 침범으로 입원
　　　　하여 모든 계획에 큰 차질이 생깁니다. 또 중년운은 용두
　　　　사미운이니 계획은 있지만 실천이 되지 않으니 안타깝군
　　　　요. 분수를 지켜야 합니다. 재물운이 부족한 것은 아직 때
　　　　가 오지 않았기 때문이니 작은 이익에 만족해야 합니다.

요시다 : 중년운도 별볼일 없군요. 그럼 말년운은요?

역　산 : 말년운은 좋군요. 전후에 금고가 들어 복록이 충만합니다.
　　　　좋군요. 말년에 영화가 들어 희희낙낙합니다. 의식주가 충

만하고 복록을 누리며 평안하게 삽니다.

요시다 : 말년운이 좋다고 하니 그래도 희망이 있군요. 그럼 어떤 직업을 가져야 성공할 수 있을까요? 지금까지 이것저것 여러 가지 해보았지만 별로 재미를 본 것이 없어요.

역　산 : 사람이 살아가는데 있어서 무엇보다 직업이 중요하지요. 직업은 하늘이 내린 천직을 찾아야 성공할 수 있는 것입니다. 직업은 자신의 성격과 소질과 취미에 많이 좌우하지요. 당신의 운세로 보아 상업과 공업이 적합합니다. 그러나 투기성이 있는 일은 금물입니다. 봉급자 생활도 길하고, 상업이나 금융계통도 좋습니다. 은행이나 회사원 등도 길하고, 신용과 성실을 필요로 하는 업종이 길합니다.

요시다 : 소자본으로 할 수 있는 것은 어떤 것이 있나요?

역　산 : 소자본으로 창업하려면 전자제품·보일러·건축업·역술가·극장업·통신업·사진관·양품점·화장품· 광고업·화공약품·예식장·학원·조명기구·전화상·이발소·미용실 등이 좋습니다.

요시다 : 언제가 좋은가요?

역　산 : 길한 해는 천간(天干)으로 보면 갑(甲)·을(乙)·병(丙)·정(丁)년이 들어오는 해이고, 지지(地支)로 보면 사(巳)·오(午)·인(寅)·묘(卯)년이 들어오는 해입니다.

요시다 : 길한 색상은 어떤 색인가요?

역　산 : 초록색·적색·분홍색입니다. 이러한 색의 지갑이나 물건을 가지면 유리하지요.

요시다 : 길한 방위는요?

역　산 : 남방위와 동방위입니다. 잠을 잘 때 이쪽으로 머리를 두고 자면 좋고, 사업을 하게 되면 사무실이나 점포의 문이 이쪽으로 향하면 개운이 빨리 되지요.

요시다 : 그럼 길한 수리는요?

역　산 : 3·8·2·7입니다. 이런 수리를 통장 비밀번호나 전화번호 등에 쓰십시오.

요시다 : 저에게 길한 글자는 어떤 글자입니까?

역　산 : 목(木)·동(東)·춘(春)·청(靑)·인(仁)·온(溫)·임(壬)·갑(甲)·을(乙)·인(寅)·묘(卯)·화(火)·남(南)·하(夏)·적(赤)·복(禮)·서(暑)·염(炎)·병(丙)·정(丁)·사(巳)·오(午)입니다.

요시다 : 건강은 어떤가요?

역　산 : 사주로 본다면 암장된 금기(金氣)가 기신(忌神)에 해당하므로 호흡기·골격·대장 등에 항상 질병이 따르고, 목화(木火)가 부조화하니 간장·담·소화·심장·소장·혈액 등에 질병이 나타날 수 있습니다.

요시다 : 저와 인연이 좋은 물건은 어떤 것인가요?

역　산 : 나무·가구·목재·나무책상·조명·전기·가스렌지·촛불·난로 등입니다.

요시다는 기뻐하면서 부지런히 메모하고는 돌아갔다.

2 부동산으로 부자가 되는 비법

요시다 씨가 상담을 끝내고 돌아간 후 나까무라 씨가 들어와 자리에 앉았다. 돈 많은 사장님처럼 보였다.

■ 나까무라 : 건명(乾命)

년	월	일	시						
戊	癸	戊	乙	甲	乙	丙	丁	戊	己	庚
子	亥	午	卯	子	丑	寅	卯	辰	巳	午

나까무라 : 저는 지금 부동산업을 하고 있습니다. 부동산업으로 돈을 많이 벌고 싶은데 좋은 비법이 없을까요?

역 산 : 부동산을 잘 관리하여 돈을 버는 비법의 첫째는 먼저 부동산에 대하여 충분한 지식을 가져야 합니다. 토지는 어떤 이익이나 손해가 있고 주택을 통하여 부동산업을 할 경우와 또 아파트 등에 대하여 많은 지식과 정보가 필요합니다. 부동산에다 잘 투자하면 크게 성공할 수 있지만 잘못 투자하면 크게 망할 수도 있지요.

나까무라 : 정보와 지식이 중요하군요.

역 산 : 부동산을 잘 관리하여 돈을 버는 비법의 그 둘째는 부동산을 관리하는 토지신명께 먼저 지극한 정성으로 축원을 올리는 것이 중요합니다. 토지신명께서 허락해야 부동산

으로 성공할 수 있습니다.

나까무라 : 토지신명께 축원을 해야 하는군요.

역　　산 : 부동산을 잘 관리하여 돈을 버는 비법의 그 셋째는 매매를 함부로 하지 말고 때를 기다려 자신의 길신운에 해야 성공합니다. 자신의 길신운에 매매를 한다는 것이 대단히 중요하지요.

나까무라 : 저의 길신운은 언제인가요?

역　　산 : 길신운은 사(巳)·오(午)·미(未)·병(丙)·정(丁)년입니다. 그러나 아무리 길신운이라도 절대로 무리하거나 과욕을 부리지 말아야 성공합니다.

나까무라 : 과욕을 부리지 말아야 하는군요.

역　　산 : 부동산을 잘 관리하여 돈을 버는 비법의 다섯째는 부동산은 잘 관찰하고 잘 조사한 뒤에 매입하는 것이 중요합니다. 소문만 믿고 사면 후회합니다.

나까무라 : 관찰을 잘해야 하는군요.

역　　산 : 여섯번째는 기회가 오면 놓치지 말고 잘 사야 합니다. 좋은 부동산이 나왔는데 사지 않고 어물어물하면 기회는 지나가고 맙니다.

나까무라 : 역시 팔고 사는 기회를 잘 잡아야 하는군요.

역　　산 : 부동산으로 모두 성공한다고 볼 수 없습니다. 통계적으로 보면 부동산으로 성공한 사람보다 실패한 사람이 더 많지요. 부동산은 잘못 사면 돈이 묶여 큰 손해를 볼 수도 있다는 것을 명심해야 합니다.

나까무라 : 최악의 경우도 염두해 두어야 하는군요.

역　산 : 다음은 팔 때를 중요하게 생각하고 사야 합니다. 팔지 못할 부동산은 아무 의미가 없습니다.

나까무라 : 사는 것보다 파는 것이 더 중요하군요.

역　산 : 부동산을 잘 관리하여 돈을 버는 비법은 기회가 오면 놓치지 말고 잘 팔아야 합니다. 때문에 너무 욕심을 부리지 말고 어느 정도 이익이 남으면 팔아야 합니다. 그리고 마지막으로 제일 중요한 것은 항상 경제능력을 점검하는 것입니다. 자신의 그릇의 크기도 모르고 무조건 욕심을 부리면 실패하게 되지요.

나까무라는 「부동산으로 부자가 되는 비법」을 메모했다.

① 부동산에 대하여 사전에 충분한 지식을 가져야 하며

② 부동산을 관리하는 토지신명께 먼저 축원을 올리며

③ 때를 기다려 자신의 길신(吉神)운에 매매를 해야 하며

④ 길신(吉神)운이라도 절대 무리하거나 과욕을 부리지 말며

⑤ 부동산은 잘 관찰하고 잘 조사한 뒤에 매입하며

⑥ 부동산은 잘못 사면 돈이 묶여 큰 손해를 보며

⑦ 다음에 팔 때를 깊이 생각하고 구입해야 하며

⑧ 자신의 경제능력을 항시 점검하며 무리하지 말라.

나까무라 : 토지신명축원은 무엇인가요?

역　산 : 토지를 다스리시는 신령님이 계십니다. 특히 부동산업
　　　　을 하는 사람은 토지신명축원을 많이 해야 합니다.

■ 토지대신축원문(土地大神祝願文)

동방청토 토지대신(東方靑土 土地大神)

남방적토 토지대신(南方赤土 土地大神)

서방백토 토지대신(西方白土 土地大神)

북방흑토 토지대신(北方黑土 土地大神)

중앙황토 토지대신(中央黃土 土地大神)

명당옥토 토지대신(明堂沃土 土地大神)

황금복토 토지대신(黃金福土 土地大神)

토지대신 항내조아(土地大神 恒來助我)

오복토지 일심기원(五福土地 一心祈願)

옴…. 급급여 율령(옴…. 急急如律令)

동방청토 토지대신님의 거룩한 명호를 찬양하나이다.

남방적토 토지대신님의 거룩한 명호를 찬양하나이다.

서방백토 토지대신님의 거룩한 명호를 찬양하나이다.

북방흑토 토지대신님의 거룩한 명호를 찬양하나이다.

중앙황토 토지대신님의 거룩한 명호를 찬양하나이다.

명당옥토 토지대신님의 거룩한 명호를 찬양하나이다.

황금복토 토지대신님의 거룩한 명호를 찬양하나이다.

토지대신님이 오시어 항상 함께 하시고 나를 도와주시어

오복의 토지를 많이 얻도록 일심으로 기원하나이다.

내가 지금 급하고 급하오니 빨리 와서 도와주옵소서.

3. 주식으로 부자가 되는 비법

나까무라가 돌아가자 복부인처럼 보이는 여성이 들어왔다.

■ **키노애 : 곤명(坤命)**

년	월	일	시							
辛	庚	庚	丁	辛	壬	癸	甲	乙	丙	丁
卯	寅	辰	亥	卯	辰	巳	午	未	申	酉

역　산 : 역시 돈이 많은 사주군요.

키노애 : 저는 친정에서 유산을 많이 받아 여유있게 살았습니다.
　　　　 그런데 지금까지 주식에 투자했다가 많은 손해를 입었습
　　　　 니다. 어떻게 하면 주식투자로 성공할 수 있을까요?

역　산 : 주식투자로 성공하는 비법은 여러 가지가 있는데 첫째로
　　　　 가상적으로 투자를 해보아야 합니다.

키노애 : 가상투자가 필요하군요.

역　산 : 주식투자로 성공하는 비법의 둘째는 매도할 지점을 미리 정해두고 매수하는 것입니다.

키노애 : 매도할 지점을 미리 정해 두어야 하는군요.

역　산 : 주식투자로 성공하는 비법의 셋째는 분산매수하고 분산매도하여 분산투자해야 성공합니다. 보통 5내지 7개주 미만 정도가 가장 적당하지요.

키노애 : 분산투자에 대해서는 많이 들어봤어요.

역　산 : 주식투자로 성공하는 비법의 넷째는 매수는 소처럼 천천히 하고, 매도는 번개처럼 빠르게 해야 합니다.

키노애 : 매수는 소처럼, 매도는 번개처럼 해야 하는군요.

역　산 : 주식투자로 성공하는 비법은 무릎선에서 사고 어깨선에서 팔아야 하는 것입니다. 욕심을 부려 발바닥 지점에서 사서 머리 지점에서 팔려고 하면 실패합니다.

키노애 : 결국 과욕을 버려야 하는군요.

역　산 : 주식투자로 성공하는 비법은 과거의 실패에 연연하여 상심하지 말아야 합니다. 주식투자에서 실패를 해보지 않은 사람은 한 사람도 없습니다. 그 실패의 경험을 잘 살려 다시 투자하면 반드시 만회할 수 있지요.

키노애 : 실패는 성공의 어머니라는 말씀이군요.

역　산 : 주식투자로 성공하는 비법은 태양은 내일도 뜬다는 희망과 용기입니다. 희망과 용기를 갖고 도전해야 성공합니다.

키노애 : 희망과 용기가 필요하군요.

역 산 : 주식투자로 성공하는 비법은 미인주 즉 인기주를 잘 골라 서 투자해야 합니다. 사람들은 모두 미인을 좋아하듯이 주식에도 미인주에 해당하는 인기주가 있습니다.

키노애 : 미인은 어디에 가도 인기가 있는 것처럼 주식도 마찬가 지군요.

역 산 : 주식투자로 성공하는 비법은 큰손들의 작전에 흔들리지 말고, 또 정보에 속지 말아야 합니다.

키노애 : 작전에 흔들리지 말고 정보에 속지 말아야 하는군요. 제 가 실패한 이유가 바로 이것이었습니다.

역 산 : 주식투자로 성공하는 비법은 정부기관이나 큰손들, 외국 인의 동향을 주시해야 합니다. 그들이 주식을 흔들기 때 문이지요.

키노애 : 주식으로 성공한다는 것이 여간 어려운 것이 아니군요.

역 산 : 물론 어렵습니다. 특히 정부의 경제정책을 주목해야 합니 다. 정부의 경제정책에 따라 주식의 흐름이 크게 좌우되 기 때문이지요.

키노애는 「주식으로 부자가 되는 비법」을 메모했다.

① 가상적으로 투자를 하여 실전의 경험을 충분히 쌓는다.

② 얼마 정도의 이익의 매도를 미리 정해두고 매수하라.

③ 안전하게 분산매수, 분산매도, 분산투자하라(5~7개 주 미만).

④ 매수는 소처럼, 매도는 번개처럼 하라.

⑤ 30%의 무릎선에서 사고 70%의 어깨선에서 팔라.

⑥ 과거의 실패에 연연하며 포기하지 말라.

⑦ 태양은 내일도 뜬다는 희망과 용기가 필요하다.

⑧ 만민이 미인을 좋아하듯 미인주, 즉 인기주를 잘 선택하라.

⑨ 큰손들의 작전에 흔들리지 말고 거짓정보에 속지 말라.

⑩ 기관이나 큰손이나 외국인의 동향을 주시해야 한다.

 잠시 휴식을 취한 후 키노애 씨는 다시 역산 선생에게 질문했다.

키노애 : 저는 주식으로 손해 본 것을 반드시 회복하고 싶어요. 선
　　　　생님의 좋은 비법을 모두 배워서 반드시 성공할 겁니다.

역　산 : 좋은 생각입니다. 주식에 성공하려면 정보에 밝아야 합니
　　　　다. 정보에 어두우면 안됩니다.

키노애 : 정보에 밝으려면 뉴스나 경제신문을 많이 봐야겠군요.

역　산 : 주식투자로 성공하려면 시중의 금리에도 큰 관심을 가져
　　　　야 합니다. 시중금리에 따라 주가도 변하니까요.

키노애 : 참으로 어려운 것이 주식인 것 같아요.

역　산 : 주식투자로 성공하려면 정치의 기류를 잘 감지해야 합니
　　　　다. 그리고 정치와 경제는 주식의 변화와 관계가 많다는
　　　　것을 생각해야 하고, 사회적 불안과 날씨의 맑음과 흐림
　　　　도 변수로 작용하지요. 그리고 국제정세에 대하여 관심을
　　　　가져야 하고, 쇼크에 의한 일시적 폭락은 매입의 기회이
　　　　라는 것을 생각해야 합니다.

키노애 : 어떻게 하든 본전을 찾는 것이 문제입니다.

역　산 : 본전을 찾으려면 공부를 많이 해야 합니다. 특히 국가정책 같은 대세의 흐름을 따라야 합니다. 그리고 주식을 평생의 친구로 삼고 친하게 지내면 성공합니다. 뜬소문에 흔들리지 말고 자신이 판단하는 것이 중요합니다.

그녀는 또 「주식으로 부자가 되는 비법」을 열심히 메모했다.

① 수시로 변하는 정부의 경제정책을 주목하라.

② 시중의 금리도 주가의 큰 변수로 작용하니 관심을 가져라.

③ 정치인의 새로운 구상이나 이상기류를 잘 감지하라.

④ 정치는 주인이고 경제는 부하이니 주식에 많은 영향을 준다.

⑤ 경제파동에 의한 사회불안과 날씨도 변수로 작용한다.

⑥ 지금은 국제화시대이니 국제정세에 관심을 가져라.

⑦ 쇼크에 의한 일시적 폭락은 매입하는 기회이니 놓치지 말라.

⑧ 국가정책과 같은 대세의 흐름을 따라야 주식에서 성공한다.

⑨ 주식을 평생의 친구로 삼고 친하게 지내면 성공한다.

⑩ 뜬소문에 흔들리지 말고 자기가 판단하고 결정한다.

역　산 : 주식투자로 성공하려면 이미 최고로 올라버린 고가는 절대 매수하지 말고, 과욕을 부리면 실패하니 절대금물이지요. 주식을 통해 인생을 배운다고 생각하면 성공합니다.

키노애 : 주식을 통해 인생을 배운다는 말이 마음에 듭니다.

역　산 : 사실입니다. 주식을 통하여 인생을 배워야 크게 이익을 볼 수 있습니다. 주식투자로 성공하는 비법은 티끌모아 태산이니 작은 이익에 만족하면 성공하고, 크게 성공하려면 강한 인내심이 필요하지요. 그리고 거래량과 도표를 반드시 참고할 필요가 있고, 자기능력에 알맞은 종목을 선택하며, 절대로 빚을 얻어 투자하지 말고 여유자금으로 투자해야 합니다.

키노애 : 그런데 저는 빨리 본전을 찾아야 한다는 강박감 때문에 빚을 얻어서 투자한 것이 크게 실패한 원인 같아요.

역　산 : 주식투자로 성공하는 비법은 주가는 항상 상승하강으로 변하는 살아 있는 돈이라는 사실을 생각하고, 주식을 평생 최고로 좋은 재산증식의 방법으로 생각하며 애착을 갖고, 마지막으로 주식을 관장하는 천지신명님께 축원하며 정성을 드려야 합니다.

키노애는 「주식으로 부자가 되는 비법」을 메모했다.

① 이미 최고로 오른 고가는 절대 매수하지 말라.

② 과욕을 부리거나 무리하면 실패하니 절대금물이다.

③ 티끌모아 태산이니 작은 이익에 만족하면 성공한다.

④ 크게 성공하려면 크고 넓게 보고 강한 인내심이 필요하다.

⑤ 반드시 거래량과 도표를 참고하여 매수한다.

⑥ 무리하지 말고 능력에 맞는 종목을 선택해야 한다.

⑦ 빚을 얻어서는 투자하지 말고 여유자금으로 투자하라.

⑧ 주가는 살아 있는 생명이니 항시 상승하강으로 변한다.

⑨ 주식을 평생의 최고로 좋은 재산증식의 비법이라 생각하라.

⑩ 마지막으로 천지신명님께 축원하고 문의하여 결정하라.

　주식투자로 성공하는 비법을 마치자 그녀는 크게 기뻐했다.

키노애 : 선생님의 말씀을 듣고 보니 부자가 된 기분이예요. 감사
　　　　합니다. 그럼 다음은 제 사주를 봐주세요.

역　산 : 경금(庚金)이 인(寅)월생이니 신약(身弱)인데, 재성(財星)
　　　　과 일주(日主)가 왕성하여 돈복이 많습니다. 목운(木運)
　　　　에는 고전하나 금운(金運)에는 발복합니다. 남편복은 시
　　　　상(時上)에 정화(丁火)가 투출하여 60%만 좋습니다.

키노애 : 성격운은 어떤가요? 성격이 좀 날카로운데….

역　산 : 당신의 일간(日干)은 경금(庚金)입니다. 그래서 자신감이
　　　　강하여 잘난척하고, 기량이 좋아 재주를 자만합니다. 그러
　　　　나 의리가 있고 경우가 바릅니다. 매사 전진적이며 적극
　　　　적이고 활발합니다. 적응력이 뛰어나 변화와 갱신을 잘
　　　　합니다. 그러나 매사 성숙하기 전에 성과를 스스로 평가
　　　　하려는 경향이 있습니다. 선량하고 악심이 없습니다. 비밀
　　　　을 간직하지 못하고 쉽게 말해 버리지요. 의리가 강하고
　　　　용감하며 때로는 잔인하기도 합니다. 직업의 변동이 심하
　　　　며 거주지의 이동도 심합니다. 남자로 태어났다면 군인이

나 경찰 등의 직업에 종사해도 능숙하게 잘 처리하지요.

키노애 : 성격은 딱 맞네요. 그럼 저는 어떤 사람이 잘 맞나요?

역 산 : 사주로 말하자면 을(乙)·기(己)·신(辛)·계(癸)일생의
사람과 제일 잘 맞습니다.

키노애 : 선조들의 인연은 어떤가요?

역 산 : 어머니계의 5·10대 선조가 적선한 공덕이 있어 재물복이
있습니다. 주식투자를 잘하면 틀림없이 성공할 거요.

키노애 : 고맙습니다. 그럼 전 어떤 사람과 인연이 좋은가요?

역 산 : 길한 인연은 6·7·8월생으로 이 달에 태어난 사람과 동
업하면 좋습니다.

키노애 : 부부운은 어떤가요? 많이 싸우며 사는데….

역 산 : 부부운은 40%만 길합니다. 아직 업장이 사라지지 않았으
니 계속 공덕을 쌓아야 합니다. 부부간에 언쟁운이 남아
있으나 인내하면 회복할 수 있습니다.

키노애 : 초년운은 어떤가요?

역 산 : 초년운은 환경이 불리하여 만사가 막히고 방해자도 많았
습니다. 좋은 친구는 별로 없고 악우만 많았습니다.

키노애 : 예 맞아요. 학교다닐 때 나쁜 친구들 때문에 고통을 많이
겪었어요. 중년운은 어떤가요?

역 산 : 중년운은 승진운이 좋고 사업을 해도 크게 성공할 운이군
요. 만사형통하니 사업이나 사회활동을 하세요. 또 어떤
단체에 들어가도 책임자나 지도자가 될 수 있습니다.

키노애 : 예 맞아요. 저는 어디서든 수장이 됩니다. 그럼 앞으로 돌아올 말년운은 어떤가요?

역　산 : 말년운은 만사가 형통하며 막힘이 없습니다. 만사가 계획대로 잘 이루어지니 정말 좋습니다.

키노애 : 고맙습니다. 전 무슨 직업을 가지면 성공할 수 있을까요?

역　산 : 금고가 큰 사주이니 금융관계나 주식투자를 잘 하면 큰 부자가 될 거요.

키노애 : 감사합니다. 제게 좋은 해나 색, 수리는 무엇입니까?

역　산 : 길한 해는 천간(天干)에서는 무(戊)·기(己)·경(庚)·신(辛)년이고, 지지(地支)에서는 진(辰)·미(未)·술(戌)·신(申)·유(酉)년입니다. 길한 색상은 황색과 백색이고, 길한 방위는 서방위입니다. 길한 수리는 4·9·5·0이고, 길한 시간은 저녁과 낮입니다.

키노애 : 그렇군요. 그럼 제가 앞으로 창업하면 간판에 어떤 글자가 들어가야 좋은가요?

역　산 : 토(土)·중(中)·산(山)·황(黃)·신(信)·열(熱)·고(高)·무(戊)·기(己)·진(辰)·술(戌)·축(丑)·미(未)·금(金)·서(西)·추(秋)·백(白)·의(義)·양(羊)·차(車)·경(庚)·신(辛)·신(申)·유(酉)입니다. 이런 글자를 간판이나 회사명이나 이름에 쓰면 좋습니다.

키노애 : 건강운은 어떤가요? 간장이 좀 나쁜데요.

역　산 : 사주상 목성(木星)이 기신(忌神)에 해당하니 간·담·신경에 타고난 질병의 기운이 있습니다. 또 사주상 토금(土金)이 부조화하여 소화·피부·폐·대장·근골·사지 등에 질병이 나타날 수 있습니다.

키노애 : 인연이 좋은 물건은 어떤 것인가요?

역　산 : 길한 물건은 흙·화분·벽돌·금속·시계·선풍기·반지·열쇠·차·금·은·보석 등입니다.

　몇달 후 키노애는 비법을 잘 응용하여 주식투자를 했더니 돈을 많이 벌었다고 연락이 왔다.

4. 선조공양을 잘하여 가업을 일으키는 비법

　어느날 오후 풍채가 좋고 돈이 많아 보이며 호색기질이 상당해 보이는 남자가 찾아왔다.

■ 하야시 : 건명(乾命)

년	월	일	시						
甲	乙	壬	己	丙	丁	戊	己	庚	辛 壬
辰	亥	子	巳	子	丑	寅	卯	辰	巳 午

하야시 : 저는 부모님에게 많은 재산을 상속받았습니다. 어떻게 하

면 유산을 잘 지키며 가업을 번영시킬 수 있을까요?

역　산 : 선조공양을 잘하면 가업을 크게 번창시킬 수 있습니다.

하야시 : 구체적으로 말씀해 주십시오

역　산 : 선조공양을 잘하는 비법은 먼저 참된 인간이 되어야 합니다. 먼저 심신수양입니다. 즉 자신의 몸과 마음을 잘 수양하여 참된 인간이 되어야 선조공양을 잘하는 것입니다.

하야시 : 심신수양이 중요하군요. 또 무엇을 해야 합니까?

역　산 : 선조공양을 잘하는 비법은 정각정행(正覺正行)인데, 즉 마음이 바르고 행동이 정직해야 합니다. 그래서 바르게 깨닫고 바르게 행동해야 합니다.

하야시 : 정직한 몸과 마음이 중요하군요. 또 무엇을 해야 합니까?

역　산 : 선조공양을 잘하는 비법은 군자자책(君子自責)인데 즉 군자는 모든 과실을 자기의 책임으로 돌리는 훌륭한 사람입니다. 따라서 군자가 되어야 합니다.

하야시 : 군자가 되려면 많은 수양이 필요하군요.

역　산 : 쉽지가 않지요. 그래서 사람은 날마다 반성하며 새 사람이 되어야 개운이 되고, 가업이 크게 번영하게 되지요. 자기반성이 중요합니다.

하야시 : 자기반성이 필요하군요.

역　산 : 선조공양을 잘하는 비법은 재관구비(財官具備)인데, 즉 몸을 일으켜 재물과 권력을 구비하여 출세하고 성공하도록 목표를 정하고 노력을 많이 해야 합니다.

하야시 : 출세하고 성공하는 것이 선조공양이군요.

역 산 : 물론이지요. 따라서 명문가를 일으키는 것이 중요합니다. 선조들이 기뻐할 수 있는 명문성가가 무엇보다 중요해요.

하야시 : 선조공양도 쉬운 것이 아니군요. 또 무엇을 해야 합니까?

역 산 : 쉽지 않지요. 세상에 쉬운 일은 하나도 없습니다. 선조공양을 잘하는 비법은 자손번창인데, 즉 자녀를 많이 낳아 혈통을 잘 연결해야 선조들이 기뻐합니다.

하야시 : 혈통연결도 중요하군요.

역 산 : 그리고 선조공양을 잘하는 비법은 해원성사(解怨成事)입니다. 즉 원한 맺힌 선조를 해원해드리는 것입니다. 지금 이 순간에도 영계에서는 원한 맺힌 선조들이 수없이 많다는 것을 생각하고 해원을 위하여 정성을 드려야 합니다.

하야시는 「선조공양을 잘하여 가업을 일으키는 비법」을 적었다.

① 몸과 마음을 수양하여 참된 인간이 된다.

② 바르게 깨닫고 바르게 행동한다.

③ 군자는 모든 과실을 자기의 책임으로 돌린다.

④ 날마다 반성하며 새 사람이 된다.

⑤ 재관을 구비하여 몸을 일으켜 출세하고 성공한다.

⑥ 세상에서 모범적인 명문가를 일으킨다.

⑦ 자녀를 낳아 혈통을 잘 연결하고 자손을 번창시킨다.

⑧ 원한 맺힌 선조를 해원하며 공양제사에 정성을 드린다.

하야시 : 그럼 제 사주는 어떤가요?

역　산 : 당신의 일간(日干)은 갑목(甲木)입니다. 일간(日干)이 갑목(甲木)이면 양기(陽氣)가 왕성하고 적극적이며 개척정신이 있습니다. 또 희망이 크고 자존심이 강하며 독립정신이 강합니다.

하야시 : 예 그래요.

역　산 : 혼자서도 행동을 잘하고 백절불굴의 정신이 있습니다. 활발하며 인자하고 인정이 많으며 자존심이 강합니다. 화를 잘 내나 의리가 있고 인정이 후덕하지요. 또 근면하고 한 가지 일에 매진하여 곧잘 목적을 달성합니다. 또 사적인 일보다 공적인 일에 봉사정신이 많습니다.

하야시 : 그렇군요. 맞습니다. 성격은 어떤 사람과 맞겠습니까?

역　산 : 기(己)·계(癸)·을(乙)·정(丁)일생과 제일 좋습니다.

하야시 : 선생님께서는 다른 역술가와 달리 선조들의 인연을 중요하게 말씀하시는데 저는 어떤 선조와 인연이 있나요?

역　산 : 당신은 먼저 어머니계의 3·4대 선조님이 적선의 공덕이 아주 많습니다. 그 선조들의 공덕으로 재물복과 건강복을 물려받은 것입니다.

하야시 : 그런 인연이 있었군요. 그럼 반대로 여난이 많이 일어나는 것은 무슨 인연 때문인가요?

역　산 : 그것은 어머니계의 6대 선조가 불륜의 업장이 있는 연유입니다. 그 불륜 때문에 부부간에 사이가 나쁘고 밖에서 다른 여성들과 불륜을 많이 맺는 것입니다.

하야시 : 부끄럽게도 저는 여성만 보면 가운데 물건이 빳빳하게
　　　　 일어나 버리니 참으로 불륜을 면하기 어렵습니다.

역　산 : 조심하세요. 그 가운데 물건을 잘못 쓰면 패가망신합니다.
　　　　 당신은 아마 평생 그 가운데 물건이 말썽을 부릴 거요.

하야시 : 예 맞습니다. 망신을 많이 당했어요. 그건 그렇고 전 어떤
　　　　 사람과 동업하면 좋을까요?

역　산 : 3·4·5월생입니다. 이런 사람과 동업하면 유리합니다. 그
　　　　 리고 흉한 인연은 9·10·11월생입니다.

하야시 : 부부운은 어떤가요? 많이 싸우며 사는데요.

역　산 : 부부운은 장벽이 있어 종종 전쟁이 일어납니다. 도중에
　　　　 이별할까 두렵군요.

하야시 : 역시 우리 부부는 장벽이 있었군요. 초년운은 어떤가요?

역　산 : 10세 전후의 운은 사방이 나의 집이라 고향이 불리했군
　　　　 요. 동식서숙운이니 어렸을 때 양자를 가거나 고향을 떠
　　　　 나야 이로운 운이었습니다. 그리고 20세 전후의 운은 환
　　　　 경이 길하고 만사가 풍족하니 부러울 것이 없었고, 복록
　　　　 이 넘치니 즐거움이 가득한 운이었군요.

하야시 : 그 때는 아버님의 사업이 잘되어 풍족하게 살았습니다.
　　　　 그 다음은 어떤가요?

역　산 : 30세 전후의 운은 뱁새가 황새의 흉내내면 가랑이가 찢어
　　　　 집니다. 운세가 불리하니 분수를 지켜야 유리합니다.

하야시 : 예. 그때 친구가 사업에 성공하는 것을 보고 과욕을 부리다 망신만 당했습니다. 그럼 지금은 어떤가요?

역　산 : 지금의 운세는 가족들을 먹여살리자니 몸이 바쁩니다. 동분서주하며 한 번은 즐겁고 한 번은 괴롭군요. 중년운은 지혜와 재주가 총명하나 운세가 불리하니 빛좋은 개살구에 불과합니다.

하야시 : 중년운도 별로군요. 그럼 말년운은 어떤가요?

역　산 : 말년운은 두 가지로 나오는데, 먼저 의식은 풍족하나 도적이 많이 따르니 실물수가 있습니다. 버는 것보다 지키는 것이 더 중요하다고 나오고, 또 하나는 노년에 출세 성공하는 운세입니다. 대기만성하여 부귀영화를 다 누리는 대길운이군요. 말년운이 좋으니 희망이 있습니다.

하야시 : 직업운은 어떤가요?

역　산 : 예능계·학자·발명가·교사·변호사·흥행가 등 경쟁적인 업무도 좋고, 전자제품·보일러·건축·통신업·광고업·화공약품·예식장· 학원·조명기구 등도 길합니다.

하야시 : 그렇군요. 좋은 해나 색상, 수리 등도 말씀해주세요.

역　산 : 천간(天干)에서는 병(丙)·정(丁)년이 들어오는 해와, 지지(地支)에서 사(巳)·오(午)년이 들어오는 해가 좋습니다. 그리고 길한 색상은 적색과 분홍색이고, 길한 방위는 동방위이며, 길한 수리는 2·7이고, 길한 시간은 낮입니다.

하야시 : 길한 글자도 있나요?

역　산 : 길한 글자는 화(火)·남(南)·하(夏)·적(赤)·복(禮)· 서(暑)·염(炎)·병(丙)·정(丁)·사(巳)·오(午)입니다.

하야시 : 건강운은 어떤가요?

역　산 : 사주상 수성(水星)이 기신(忌神)에 해당하니 하체·신장·방광·성기 등을 조심하세요. 그리고 후천적으로는 간장·담·소화·심장·소장·혈액 등에 질병이 나타날 수 있습니다.

하야시 : 전 지금 불륜을 너무 많이 범해서인지 성기와 요도기에 문제가 있습니다. 길한 물건은요?

역　산 : 길한 물건은 나무·가구·목재·나무책상·조명·전기· 가스렌지·촛불·난로·등입니다.

하야시는 감사하다는 인사를 남기고 돌아갔다.

5. 도리를 잘 지켜 가업을 일으키는 비법

어느날 저녁 60대 후반의 남자가 사무실로 들어왔다.

■ 나리타 : 건명(乾命)

년	월	일	시						
丙	丙	己	壬	丁	戊	己	庚	辛	壬	癸
子	申	巳	申	酉	戌	亥	子	丑	寅	卯

역　산 : 돈이 많아 보이는데 무슨 사업을 하십니까?

나리타 : 저는 작은 공장을 하나 갖고 있습니다. 종업원은 100여
　　　　명 됩니다. 사업은 그럭저럭 되는데, 어떻게 하면 가업이
　　　　크게 번영할 수 있을까요? 장남이 공장을 물려받아 공장
　　　　잘 운영해 나가기를 바랍니다.

역　산 : 도리에 성실해야 가업이 크게 번영합니다. 도리에 성실한
　　　　사람이 되려면 먼저 부모님께 효도해야 합니다. 아효행친
　　　　(我孝行親)인데 즉 효도는 백 가지 행함에 근본이라 했는
　　　　데 인간의 도리 중에 가장 중요한 덕행이지요.

나리타 : 효도가 제일 중요한 덕행이군요.

역　산 : 도리에 성실한 사람이 되려면 둘째로 부부화합인데, 즉
　　　　부부간에 화합을 잘해야 합니다. 그래야 만 가지 복이 들
　　　　어옵니다. 가화만사성이라는 말은 참으로 명언입니다.

나리타 : 부부화합이 참으로 중요하군요. 또 무엇을 해야 합니까?

역　산 : 도리에 성실한 사람이 되려면 셋째로 형제우애인데, 즉
　　　　형제간에 우애 있게 잘 지내야 합니다. 옛글에도 형제가
　　　　우애 있게 잘 지내면 부모님이 기뻐하신다고 했습니다.

나리타 : 형제간에 우애도 중요하군요.

역　산 : 도리에 성실한 사람이 되려면 넷째로 혈통연결인데, 즉
　　　　반드시 자녀를 낳아 혈통을 잘 연결해야 합니다. 말 못하
　　　　는 짐승도 혈통을 연결시키려고 노력하는데 하물며 만물
　　　　의 영장이라는 인간이 혈통을 지키지 못하면 인생의 존재

목적을 상실한 것이지요.

나리타 : 혈통연결이 대단히 중요한 것이군요.

역　산 : 도리에 성실한 사람이 되려면 다섯째로 자녀정교인데, 즉 자녀를 바르게 교육시켜 사회에서 모범적인 사람을 만드는 것입니다.

나리타 : 자녀교육이 중요하군요.

역　산 : 도리에 성실한 사람이 되려면 여섯째로 공양조령(供養祖靈)인데, 즉 선조공양을 잘해야 합니다. 부모와 선조는 나무에 비유하자면 뿌리에 해당하고 근본에 해당하는데 근본을 망각하면 절대 안됩니다.

나리타 : 근본을 망각하지 말아야 하는군요.

나리타 : 도리에 성실한 사람이 되려면 일곱째로 공익봉사인데, 즉 사회나 공익을 위해 봉사를 많이 해야 합니다. 사회가 필요로 하는 사람이 돼야지요.

나리타 : 공익을 위해 봉사하는 것이 중요하군요.

역　산 : 마지막으로 도리에 성실한 사람이 되려면 명진사해인데, 즉 출세하고 성공하여 이름을 널리 알려야 합니다. 이상의 여덟 가지를 잘 지키 성공한 사람이 되고 가업을 크게 번영시킬 수 있지요.

나리타는 「도리를 잘 지켜 가업을 일으키는 비법」을 메모했다.
① 만행에 근본인 부모님께 효도를 잘한다.

② 만복의 근본인 부부간에 화합을 잘한다.

③ 만덕의 근본인 형제간에 우애를 지켜야 한다.

④ 최고의 희망인 자녀를 낳아 혈통을 잘 연결시킨다.

⑤ 자녀에게 도리교육을 바르게 잘 시킨다.

⑥ 선조공양을 잘한다.

⑦ 사회나 공익을 위해 봉사를 많이 한다.

⑧ 출세하고 성공하여 이름을 널리 알린다.

6. 총명한 사리로 가업을 일으키는 비법

나리타는 크게 감동하며 다시 질문했다.

나리타 : 선생님의 말씀에 정말 감동했습니다. 저는 돈을 많이 벌
　　　　어서 가업을 크게 번영시키고 싶습니다. 좋은 비법을 알
　　　　려주세요.

역　산 : 사리에 총명하면 가업을 크게 번영시킬 수 있습니다. 그
　　　　러므로 사리연구인데 즉 우선 사리에 총명하려면 사리를
　　　　연구해야 합니다. 사리란 일과 이치를 말함인데, 일과 이
　　　　치를 잘 연구하면 총명한 지혜를 얻게 되지요.

나리타 : 사리를 연구해야 하군요. 또 무엇을 해야 합니까?

역　산 : 사리에 총명하려면 지혜개발입니다. 즉 지혜를 개발해야
　　　　합니다. 때문에 생각을 많이 하며 심사숙고하면 좋은 지

혜가 개발되지요.

나리타 : 지혜를 개발하는 것이 필요하군요.

역　산 : 그리고 사리에 총명하려면 의견교환입니다. 의견을 잘 교환해야 합니다. 그리고 의문나는 점은 반드시 해결해야 합니다.

나리타 : 의견교환과 의문해결이 중요하군요. 또 없습니까?

역　산 : 그리고 사리에 총명하려면 대조연마(對照硏磨)인데, 즉 자기성찰을 자주하여 잘못된 부분이 있으면 빨리 고쳐야 하고, 또 남들과 비교해보고 부족한 부분은 보충해야 합니다. 그리고 사리에 총명하려면 박학다식한 사람이 되어야 하고, 또 타산지석의 교훈을 참고해야 합니다.

나리타는 또 「총명한 사리로 가업을 일으키는 비법」을 메모했다.

① 사리를 연구한다.

② 지혜를 개발한다.

③ 의견을 잘 교환한다.

④ 의문점은 반드시 해결한다.

⑤ 자기성찰을 자주한다.

⑥ 대조하고 연마한다.

⑦ 박학다식한 지식을 가진다.

⑧ 타산지석의 교훈을 참고한다.

나리타 : 정말 감사합니다. 저도 사주감정을 많이 해봐서 기초는 알고 있습니다. 제 사주에서 용신(用神)은 무엇입니까?

역　산 : 시상(時上)의 임수(壬水)를 용신(用神)으로 써야 합니다. 목(木)이 있으면 더 좋았을텐데 없는 것이 결점입니다.

나리타 : 수(水)를 용신(用神)으로 써야 하는군요? 그럼 재물운은 어떤가요?

역　산 : 재물운은 남녀 모두 재성(財星)으로 봅니다. 시상(時上)에 임수(壬水)가 투출(透出)하고 년지(年支)에 자수(子水)가 통근(通根)하여 재성(財星)이 아주 튼튼합니다. 때문에 재물운이 아주 좋은 부자사주입니다.

나리타 : 그렇군요. 저도 돈은 벌만큼 벌었는데 문제는 여자입니다

역　산 : 원래 아내궁은 일지(日支)인데 일지(日支)에 있는 사화(巳火)가 기신(忌神)에 해당합니다. 따라서 아내복은 없지만 재성(財星)이 좋으니 밖에 나가면 여성들이 많이 따르는 사주입니다.

나리타 : 그렇군요. 그래서 그런지 집사람과는 만나면 대립하는데 밖에서 만난 여성들은 모두 아름답게만 보입니다. 그럼 여자 외에 또 무엇을 조심해야 할까요?

역　산 : 말을 조심해야 합니다. 당신은 입으로 큰 죄를 범할 수 있는 사주입니다. 항상 조심하세요.

나리타 : 역시 입이 문제군요. 지금까지 입 때문에 큰 문제가 많이 일어났습니다. 입을 조심할 무슨 좋은 비법은 없나요?

역　산 : '삼사일언(三思一言)'입니다. 즉 무슨 말이나 3번 이상 생
　　　　각한 후 한마디를 하면 실수하지 않을 거요.

나리타 : 예 그렇군요. '삼사일언'. 제게 딱 맞는 좋은 글입니다. 감
　　　　사합니다.

　나리타는 감사하다는 인사를 남기고 돌아갔다.

7. 자영업으로 성공하는 비법

　어느날 아침 사무실 문을 열자마자 아가씨인지 아줌마인지 구분
하기가 애매한 여성이 들어왔다. 그녀는 자리에 앉자마자 자신의
생년월일을 말하고는 질문했다.

■ **사요코 : 곤명(坤命)**

년	월	일	시						
乙	戊	丙	己	己	庚	辛	壬	癸	甲	乙
卯	子	午	亥	丑	寅	卯	辰	巳	午	未

사요코 : 저는 이번에 작은 서점을 하나 냈는데 성공하는 특별한
　　　　비법이라도 있나요?

역　산 : 암 있고 말고요. 자영업에서 성공하는 비법으로 첫째로
　　　　염력집중입니다. 즉 축원문을 많이 독송하여 염력을 집중

시켜야 합니다.

사요코 : 염력집중이 무슨 말인가요?

역　산 : 예를 들자면 '손님이 많이 몰려온다' 는 생각의 힘을 강하
　　　　게 가지는 것입니다. 염력을 집중시키면 생각 외로 큰 기
　　　　적이 일어나지요. 염력을 집중시키는 방법은 여러 가지가
　　　　있는데 축원문을 독송하는 것이 제일 좋습니다. 그리고
　　　　축원문 독송은 남이 모르게 많이 해야 합니다. 남들이 알
　　　　게 하면 효과가 사라집니다.

사요코 : 축원문 독송을 많이 해야 하는군요. 또 다른 비법은요?

역　산 : 명심소안(明心笑顔)입니다. 항상 밝은 마음과 웃는 얼굴
　　　　을 해야 좋은 운이 들어옵니다. 사악한 마음이나 어두운
　　　　얼굴을 하면 좋은 운세가 들어오지 못하지요.

사요코 : 밝은 마음과 웃는 얼굴이 중요하군요. 또 다른 비법은요?

역　산 : 자영업에서 성공하는 비법은 자기최면입니다. '나는 반드
　　　　시 성공할 수 있다' 는 자기최면을 강하게 걸어야 합니다.
　　　　자기최면을 강하게 걸면 기적이 일어납니다.

사요코 : 자기최면이란 자기암시를 말하는 거지요?

역　산 : 맞습니다. 그리고 자영업에서 성공하는 비법은 타고난 천
　　　　직을 잘 선택해야 합니다. 당신은 의류·종이·서점·문
　　　　구류·전기제품 등이 길한데 잘 선택했군요. 성공할 거요.

사요코 : 서점은 잘 냈군요. 또 다른 비법이 있으면 말씀해주세요.

역　산 : 자영업에서 성공하는 비법은 운세순종입니다. 즉 운세의

흐름에 잘 순종해야 합니다. 사주상에서 말하는 길신(吉神)운을 중요시해야 한다는 말이지요. 즉 당신은 병(丙)·정(丁)·사(巳)·오(午)·미(未)년이 좋은 해이니 이때 많이 투자해야 합니다.

사요코 : 또 다른 비법이 있나요?

역　산 : 자영업에서 성공하는 비법은 신용정직입니다. 즉 사업에서 가장 중요한 것은 신용과 정직입니다. 신용이 없거나 정직하지 못한 사람은 실패하지요.

사요코 : 신용과 정직이 중요하군요.

역　산 : 그리고 마지막으로는 자본준비입니다. 항상 비상자본을 준비해 두어야 합니다. 비상자본을 준비해 두지 않으면 좋은 기회가 왔을 때 놓치는 경우가 있습니다.

사요코는 「자영업으로 성공하는 비법」을 메모했다.

① 사업성공의 염력을 집중시킨다.

② 축원문 독송은 남이 모르게 많이 한다.

③ 밝은 마음과 웃는 얼굴을 한다.

④ 자기최면을 강하게 건다.

⑤ 타고난 천직을 선택한다.

⑥ 운세의 흐름에 잘 순종한다.

⑦ 신용과 정직을 중요시한다.

⑧ 항상 비상자본을 준비한다.

사요코 : 제 사주는 어떤가요?

역 산 : 당신의 일간(日干)은 병화(丙火)입니다. 평소에는 잠잠하나 한 번 화가 나면 대단합니다.

사요코 : 예 맞아요. 저도 성질이 좀 더러워서 종종 혈기 때문에 문제가 많아요.

역 산 : 굽힐 줄 모르는 진취적인 기상으로 활발하며 명랑합니다. 쾌활하며 매사를 남보다 먼저 행하지요. 진보적이라 새로운 것을 좋아하고, 행동은 민첩하며 빠르나 장구심이 약하여 끝이 흐리지요.

사요코 : 용두사미란 말씀이시군요. 예 맞아요.

역 산 : 또 자기를 나타내고자 하는 욕망이 강하고, 매사 자신감이 넘칩니다. 그러나 생각을 깊이 하지 않고 즉석에서 행동하지요. 감정이 수시로 변하는 등 불안정한 성품입니다.

사요코 : 예 그래요. 제가 생각해도 전 불안정해요.

역 산 : 정열적으로 표현하나 오래 가지 못하고, 광대하며 활동적이나 침착하지 못합니다. 말이 많거나 말을 잘하고, 사교적이며 화려한 것을 좋아합니다. 욕심도 많지만 목적 없는 지출도 많은 편이고, 인정이 많아 약한 사람을 돕는 것을 좋아합니다.

사요코 : 전 어떤 사람과 성격이 잘 맞나요?

역 산 : 신(辛)·을(乙)·정(丁)·기(己)일생과 가장 좋습니다.

사요코 : 선조의 인연은 어떤가요?

역　산 : 먼저 어머니계의 5·10대 선조의 공덕이 많고, 또 어머니
　　　　계의 2·7대 선조의 색정업장이 있습니다.

사요코 : 동업은 누구와 하면 좋을까요?

역　산 : 길한 인연은 4·5·6월생입니다. 이런 사람과 동업하면
　　　　이익을 많이 봅니다. 그러나 10·11·12월생은 흉한 인연
　　　　이니 피해야 합니다.

사요코 : 부부운은 어떤가요?

역　산 : 일지(日支)에 있는 오화(午火)는 용신(用神)운에 해당합
　　　　니다. 부부운은 부창부수하니 주야로 천국이군요. 좋습니
　　　　다. 천생길연이니 부귀영화가 온 가정에 충만합니다. 당신
　　　　은 남편복이 많은 사주입니다.

사요코 : 그런가요. 고맙습니다. 제가 겉으로 보기에는 과격하고 불
　　　　륜스런 여성처럼 보이지만 실제는 현모양처입니다. 호호
　　　　호…. 그럼 초년운은 어떤가요?

역　산 : 초년운은 환경이 불리하여 매사에 흉함은 많고 길함을 적
　　　　었습니다. 고생하는 것은 운세의 불리함 때문이지요. 20대
　　　　의 운은 반길반흉의 운세이니 한 번은 즐겁고 한 번은 슬
　　　　픈 운입니다. 고향은 불리하니 양자를 가거나 고향을 떠
　　　　나야 유리하지요.

사요코 : 어려서 환경이 불리하여 전 이모집에서 자랐어요.

역　산 : 중년운은 궁합이 불리하여 부부간에 의견차이가 많고, 결
　　　　혼을 후회하기도 합니다. 그러나 인내하면 곧 회복됩니다.

앞으로는 처처에서 득재하니 즐겁고, 모든 귀인이 도와
주니 희희낙락합니다. 사업을 한다면 큰 재물을 이루고 ,
어디서든 수장이 되어 만인을 통솔할 대길운입니다.

사요코 : 정말입니까? 고맙습니다.

역　산 : 그리고 말년운은 매사에 마장이 많으니 약간 고전할 것입
니다. 작은 이익에 만족해야 안심입명 합니다.

사요코 : 말년운은 불리하군요.

역　산 : 그러나 미리 예방을 잘하면 큰 문제없이 지나갑니다. 예
방을 잘하도록 노력하세요.

사요코 : 전 지금 서점을 시작했는데 직업운은 어떤가요?

역　산 : 자영업이나 독립사업이 적합합니다. 따라서 책·서점·문
구·의류 등이 길합니다. 또 만일 법공부를 했다면 변호
사·계리사·변리사 등이 유리하고, 의학을 공부를 했다
면 의사·약사·한의사 등도 길합니다. 또 기자·여행가
이드 등 자유업도 좋습니다.

사요코 : 어느 해가 좋은가요?

역　산 : 화성(火星)이 길신(吉神)이니 병(丙)·정(丁)·무(戊)·
기(己)년과 진(辰)·미(未)·술(戌)·사(巳)·오(午)년
좋습니다.

사요코 : 길한 색상은요?

역　산 : 황색·적색·분홍색·밝은색입니다.

사요코 : 길한 방위는요?

역　산 : 남방위·남서방위·남동방위입니다.

사요코 : 길한 숫자는요?

역　산 : 길한 수리는 2·7·5·0입니다.

사요코 : 길한 시간은 언제인가요?

역　산 : 길한 시간은 주로 낮입니다. 오전 9시부터 오후 3시 전까
　　　　지가 가장 좋습니다.

사요코 : 길한 글자는 어떤 글자인가요?

역　산 : 길한 글자는 화(火)·남(南)·하(夏)·적(赤)·복(禮)·
　　　　서(暑)·염(炎)·병(丙)·정(丁)·사(巳)·오(午)·토
　　　　(土)·중(中)·산(山)·황(黃)·신(信)·열(熱)·고
　　　　(高)·무(戊)·기(己)·진(辰)·술(戌)·축(丑)·미(未)
　　　　등입니다.

사요코 : 건강운은 어떤가요?

역　산 : 수기(水氣)가 흥하여 신장·방광·하체·자궁에 선천적
　　　　인 질병이 따르고, 후천적으로는 화기(火氣)가 부조화하
　　　　여 심장·소장·혈액·위장·비장·복부·피부 등에 질
　　　　병이 나타날 수 있습니다.

사요코 : 전 불과 인연이 좋다고 하던데요?

역　산 : 예 맞습니다. 당신에게 길한 물건은 옷·종이·책·흙·
　　　　화분·벽돌·난로·조명·전기·부동산·대지 등입니다.

　사요코 씨는 기뻐하며 돌아갔다.

8. 영업실적을 올리는 비법

사요코가 돌아가고 곧이어 한 여성이 들어와 자리에 앉았다. 상당히 미인인데 수심이 있어 보였다.

■ **미네코 : 곤명(坤命)**

년	월	일	시						
癸	丙	丙	癸	丁	戊	己	庚	辛	壬 癸
卯	辰	午	巳	巳	午	未	申	酉	戌 亥

미네코 : 선생님 저는 영업사원인데 요즘 좀처럼 실적이 오르지 않아 회사에서 눈총을 받고 있어요. 어떻게 하면 실적을 올릴 수 있을까요?

역　산 : 영업실적을 올리는 비법은 염력송신(念力送信)인데, 즉 먼저 거래하는 상대의 이름을 부르면서 상대에게 강한 염력을 보내야 합니다. 강한 염력을 보내야 그 사람의 마음에 변화가 일어나니까요.

미네코 : 강한 염력이 중요하군요.

역　산 : 영업실적을 올리는 비법은 상대암시인데, 즉 거래하는 상대에게 관심을 갖고 암시를 걸어두어야 합니다. 그리고 대화로 설득해야 합니다. 대화가 없이는 절대로 성사될 수 없지요.

미네코 : 염력이나 암시가 중요하군요.

역 산 : 염력과 암시가 없이는 성공하기 어렵습니다. 거래를 성공
하기 위해서는 암시유도입니다. 즉 거래 상대에게 강하게
암시하여 유도해야 합니다.

미네코 : 암시가 참으로 중요하군요. 또 어떤 비법이 있나요?

역 산 : 대화설득입니다. 즉 대화로 설득하는 것입니다.

미네코 : 또 다른 비법은 있나요?

역 산 : 자기찬미입니다. 즉 영업에 실적을 올리는 비법은 거울을
보며 자기가 자기를 열심히 찬미하여 용기를 크게 얻어야
합니다.

미네코 : 자기찬미가 중요하군요. 또 다른 비법이 있나요?

역 산 : 선전과 광고입니다. 즉 선전과 광고에 투자를 많이 해야
합니다. 그렇지 않으면 영업실적을 올릴 수 없습니다.

미네코 : 광고비용이 만만치 않은데요. 그래도 광고는 해야 하는군
요. 또 다른 비법이 있나요?

역 산 : 친절봉사입니다. 즉 친절과 봉사를 중요하게 생각해야 합
니다. 친절하지 못하거나 봉사정신이 희박하면 절대 성공
할 수 없습니다.

미네코 : 또 다른 비법이 있나요?

역 산 : 3배 노력입니다. 즉 남들보다 3배 이상 노력한다면 무슨
일을 하든 성공할 수 있지요.

미네코는 「영업실적을 올리는 비법」을 메모했다.

① 거래 상대에게 강한 염력을 보낸다.

② 거래 상대에게 암시를 걸어둔다.

③ 대화를 통하여 설득하여 납득을 시킨다.

④ 거울을 보며 자기찬미를 열심히 한다.

⑤ 선전과 광고에 많이 투자한다.

⑥ 친절과 봉사를 중요하게 생각한다.

⑦ 남들보다 3배 이상 노력한다.

미네코 : 제 성격운은 어떤가요?

역　산 : 자기를 나타내고 싶어 하는 욕망이 강하고, 매사에 자신
감이 넘치는군요. 그러나 생각을 깊이 하지 않고 행동하
여 종종 실수를 합니다. 감정이 수시로 변하고, 정열적으
로 격하게 표현하나 오래 가지 못합니다. 광대하며 활동
적이나 침착성이 부족하고, 말이 많고 잘하며, 사교적이며
화려한 것도 좋아합니다.

미네코 : 예. 그래요. 그럼 부모운을 어떤가요?

역　산 : 부모덕이 부족하군요. 부모운은 30%만 길하여 종종 충돌
합니다. 장벽이 있어 서로 미워하니 병마가 침범합니다.

미네코 : 그래요. 전 부모덕이 없었어요. 그럼 형제덕은 어떤가요?

역　산 : 형제운도 별로 좋지 않군요. 형제자매운도 30%만 길하여
장벽이 있는 형제이니 종종 형제간에 전쟁이 일어납니다.

장벽이 사라지지 않으니 형제간에 이별이 두렵군요.

미네코 : 그래요. 전 형제덕도 없어요. 그럼 자식복은 어떤가요?

역 산 : 자녀운은 보통이군요. 50%가 길하니 반길반흉입니다. 서로 참으면서 고비를 넘겨야 합니다.

미네코 : 전 한 마디로 인덕이 없었어요. 선조운은 어떤가요?

역 산 : 아버지계의 2·7대 선조의 공덕이 많고, 어머니계의 5대 선조가 지은 구업의 업장이 있군요.

미네코 : 어떤 사람을 조심해야 하나요?

역 산 : 8·9·10·11월생은 길하니 동업을 해도 유리합니다. 그러나 2·3·4월생은 흉하니 경계하세요.

미네코 : 부부운은 어떤가요? 많이 싸우며 사는데….

역 산 : 부부운도 불리하군요. 부부운은 30%만 길하고 70%는 흉하니 종종 전쟁이 일어나고, 장벽이 사라지지 않으니 도중에 이혼할 수도 있습니다. 조심하세요.

미네코 : 조심이고 뭐고 할 것이 없어요. 빨리 갈라서는 것이 좋아요. 남편이 아니라 원수입니다. 그건 그렇고 전 어떤 직업이 가장 좋은가요?

역 산 : 직업은 하늘이 준 천직을 선택해야 성공할 수 있습니다. 그리고 자신의 성격과 소질에 맞아야지요. 당신은 요식·다방·레스토랑·카페·목욕탕·중개업·여관·장의사·식품·수도·술집·양어장·유통·수산업 등이 길합니다.

미네코 : 좋은 시기는 언제인가요?

역　산 : 금수(金水)가 길신이니 길한 해는 천간(天干)으로 보면 경(庚)・신(辛)・임(壬)・계(癸)년과, 지지(地支)로 보면 신(申)・유(酉)・해(亥)・자(子)년이 좋습니다.

미네코 : 무슨 색의 지갑을 갖고 다녀야 돈이 잘 들어옵니까?

역　산 : 백색과 검정색과 군청색입니다. 이런 색의 지갑을 지니고 다니면 유리하지요.

미네코 : 저는 어느 방위가 길한가요?

역　산 : 북방위와 서방위입니다. 방위는 여러가지로 응용할 수 있습니다. 잠을 잘 때 머리를 이쪽으로 두면 좋고, 여행도 마찬가지입니다.

미네코 : 수리운은 어떤가요?

역　산 : 길한 수리는 4・9・1・6 입니다.

미네코 : 길한 글자는요?

역　산 : 길한 글자는 금(金)・서(西)・추(秋)・백(白)・의(義)・양(羊)・차(車)・경(庚)・신(辛)・신(申)・유(酉)・수(水)・북(北)・동(冬)・흑(黑)・야(池)・한(寒)・해(海)・임(壬)・계(癸)・해(亥)・자(子) 등입니다.

미네코 : 건강운은 어떤가요?

역　산 : 화기(火氣)가 태왕하니 심장・소장・혈액・피부를 조심하세요. 또 호흡・대장・근골・신장・방광 등에도 질병이 따를 수 있습니다.

미네코는 몇 가지를 메모하고는 돌아갔다.

9. 사람의 마음을 움직이는 비법

며칠 후 미네코가 자기 회사 사장을 데리고 찾아왔다.

■ **이와네 : 건명(乾命)**

년	월	일	시						
戊	己	甲	甲	庚	辛	壬	癸	甲	乙	丙
戌	未	辰	子	申	酉	戌	亥	子	丑	寅

역　산 : 사주를 보니 여성들에게 시달림을 많이 받아야 할 팔자군
요. 그래 사장님께서는 무엇이 궁금합니까?

이와네 : 예 저는 조그마한 판매회사를 하나 하는데 여성사원이
100여 명이 넘습니다. 여성사원들을 관리하기가 쉽지 않
군요. 사람의 마음을 움직이는 좋은 비법이 있으면 가르
쳐주세요.

역　산 : 첫째 관대포용인데, 즉 도량이 넓고 포용심이 많아야 합
니다. 도량이 좁고 포용심이 부족하면 사람의 마음을 움
직일 수 없지요.

이와네 : 도량과 포용심이 중요하군요. 또 다른 비법은요…?

역　산 : 사람의 마음을 움직이는 비법은 진실애인입니다. 즉 진심
으로 사람을 사랑해야 합니다. 내가 먼저 남을 사랑해야
남도 나를 따르고 사랑하게 되지요. 공자께서도 사람을

사랑하는 것이 곧 인(仁)이라고 하셨지요.

이와네 : 사람을 사랑해야 하는군요.

역　산 : 사람의 마음을 움직이는 비법은 인색금지입니다. 즉 지나
치게 구두쇠짓을 하지 말아야 합니다. 윗사람이 지나치게
구두쇠짓을 하면 아랫사람들이 따르지 않습니다. 때문에
때때로 아랫사람들에게 회식도 시켜주고 선물도 하는 것
이 필요하지요.

이와네 : 윗사람 노릇이 쉽지 않군요. 또 있습니까?

역　산 : 사람의 마음을 움직이는 비법은 역지사지입니다. 즉 상대
방의 입장에서 생각해야 합니다. 입장을 바꾸어 생각을
해 보면 모든 문제의 해답이 저절로 나오지요. 역지사지
는 참으로 중요합니다.

이와네 : 역지사지가 필요하군요.

역　산 : 그리고 사람의 마음을 움직이는 비법은 진심칭찬입니다.
즉 상대방의 장점을 진심으로 칭찬해야 합니다. 사람은
누구나 칭찬받는 것을 좋아합니다.

이와네 : 칭찬도 중요하군요.

역　산 : 그리고 마지막으로 사람의 마음을 움직이는 비법은 청문
중시입니다. 즉 상대방의 말을 잘 들어주어야 합니다. 사
람은 누구나 자기 말을 잘 들어주는 사람을 좋아합니다.

이와네 : 상대방의 말을 잘 들어주는 것이 중요하군요.

역　산 : 그리고 사람의 마음을 움직이는 비법은 형제애정입니다.

즉 상대방을 형제자매와 같은 애정으로 대해야 합니다.

이와네 : 사람을 사랑해야 하는군요.

역　산 : 마지막으로 사람의 마음을 움직이는 비법은 부모심정입
니다. 부모가 자식을 사랑하는 심정으로 대한다면 반드시
사람의 마음을 잘 움직일 수 있지요.

이와네는 「사람의 마음을 움직이는 비법」을 메모했다.

① 도량이 넓고 포용심이 많아야 한다.

② 진심으로 사랑해야 한다.

③ 지나치게 구두쇠짓을 하지 말라.

④ 상대방의 입장에서 생각하라.

⑤ 상대방의 장점을 진심으로 칭찬하라.

⑥ 상대방의 말을 끝까지 잘 들어주라.

⑦ 형제자매와 같은 애정을 갖고 대한다.

⑧ 부모가 자녀를 사랑하는 심정으로 대한다.

이와네 : 제 사주는 어떤가요? 오나가나 전 여자들 때문에 문제가
많습니다. 왜 여난이 많은가요?

역　산 : 사주에 편재(偏財)와 정재(正財)가 혼잡하여 여난을 많이
당하게 되어 있습니다.

이와네 씨는 사주에 나타난대로 여자문제가 복잡했었다. 술집 작

부로 일하던 어머니는 여러 남자와 성관계를 맺다 이와네 씨를 낳았다. 그래서 이와네 씨는 아버지가 누군지 모른다. 결혼 전에도 여러 여자와 말썽이 많았고, 결혼 후에도 여자들이 따라붙어 문제가 많았다. 남자사주에서 정재(正財)는 본처이고 편재(偏財)는 첩이다. 이 사주는 정재가 둘이고 편재가 셋이니, 본처가 둘이고 첩이 셋이라는 뜻이다. 그래서 항상 여자문제로 바람잘 날이 없는 것이다. 더구나 100여 명의 영업사원이 모두 여성이니 더욱 심했던 것이다.

10. 상부회사의 신용을 얻는 비법

어느날 오후 중년 남자가 멀리서 고명을 듣고 찾아왔다며 잘 지 봐달라고 하였다.

■ **후루타 : 건명(乾命)**

년	월	일	시						
壬	己	癸	己	庚	辛	壬	癸	甲	乙	丙
寅	酉	丑	未	戌	亥	子	丑	寅	卯	辰

후루타 : 저는 하청을 받아 납품하는 작은 공장을 운영하고 있습니다. 어떻게 하면 상부회사의 신용을 얻어 일을 많이 할 수 있을까요?

역　산 : 상부회사의 신용을 얻는 비법은 소탐대실인데, 즉 작은 이익을 탐하면 큰 것을 잃는다는 것을 생각해야 합니다. 즉 상부회사를 상대할 때 작은 손해는 감수해야 큰 것을 얻을 수 있지요.

후루타 : 작은 것은 손해를 보라는 말씀이군요.

역　산 : 상부회사의 신용을 얻는 비법은 기술개발인데, 즉 기술을 개발하여 항상 질좋은 상품을 제공해야 합니다. 상품의 질이 나쁘면 절대로 신용을 얻을 수 없습니다.

후루타 : 기술을 개발해야 하는군요.

역　산 : 그리고 상부회사의 신용을 얻는 비법은 약속중시인데, 즉 거래처와의 약속을 정확하게 잘 지키고, 또 의리를 잘 지켜야 합니다. 그렇지 않으면 신용을 얻기 어렵지요.

후루타 : 약속과 신용이 중요하군요.

역　산 : 그리고 상부회사의 신용을 얻는 비법은 정직진실인데, 즉 정직하게 거래하고 진실하게 생활해야 합니다. 정직하지 못하면 신용을 잃고, 진실하지 못하면 외면당하게 되지요.

후루타 : 정직과 진실이 필요하군요.

역　산 : 그리고 상부회사의 신용을 얻는 비법은 정보총명인데, 즉 거래처에 대한 정보에 밝아야 합니다. 운영방침이나 지침사항이나 애경사 등을 알고 있어야 합니다.

후루타 : 애경사를 소홀하게 생각하면 안되군요.

역　산 : 그리고 상부회사의 신용을 얻는 비법은 근검절약인데, 즉 근면하며 검소한 생활을 해야 합니다. 그래야 믿음직스럽고 신용하게 되지요.

후루타 : 역시 부지런한 것이 중요하군요.

역　산 : 그리고 노사화합입니다. 노사간에 대립하는 것을 상부회사가 알면 거래를 중단할 수도 있습니다.

후루타 : 역시 노사화합이 중요하군요. 또 다른 비법이 있나요?

역　산 : 마지막으로 도리성실입니다. 즉 상부회사와의 도리에 성실해야 합니다.

후루타는 「상부회사의 신용을 얻는 비법」을 메모했다.

① 작은 이익을 탐하면 큰 것을 잃는다.

② 기술을 개발하여 질좋은 상품을 제공한다.

③ 상부회사와의 약속과 의리를 잘 지킨다.

④ 정직하게 거래하고 진실하게 생활한다.

⑤ 상부회사의 정보에 밝아야 한다.

⑥ 근면하며 검소하게 생활해야 한다.

⑦ 노사간에 화합해야 한다.

⑧ 상부회사와의 도리에 성실해야 한다.

후루타의 일간(日干)은 계수(癸水)이다. 차분하며 침착하고 얌전하며 철두철미하다. 지성도 있고 냉정하다. 근면하며 노력으로 환난을 잘 이긴다. 그러나 강기로 격하기 쉽고, 소견이 넓지 못하다.

유연성과 융통성이 부족하고, 독단·독행·독주하는 일이 많다. 성급하며 단순하고, 투쟁심과 반발심과 저항심도 있다. 자만심이 지나쳐 사교적이지 못하다. 담력이 있어 큰 일은 능히 처리하나 작은 일에는 과민하다. 배우자는 무경임갑(戊庚壬甲)일생이 가장 좋다.

— 부모운은 20%만 길하고 80%는 흉하니 부모덕이 없다. 어머니는 술집에서 일하였고, 아버지는 누군지 모른다. 부자간이 원수를 만난 것처럼 대립이 많았다. 오월동주(吳越同舟)이니 불효를 면하기 어렵다.

— 형제운은 40%만 길하고 60%는 흉하다. 여동생이 하나 있으나 아버지가 다르다. 형제간에도 업장이 사라지지 않았으니 공덕을 쌓아야 한다. 형제간에 언쟁운이 있으나 인내하면 회복하리라.

— 자녀운은 70%가 길하니 효도한다. 부모와 자녀가 서로 사랑하니 집안이 화락하다. 본처에서 태어난 자식이 2명이고, 3명의 첩에게서 태어난 자녀가 4명이나 된다. 그래도 자식이 가장 희망적이다.

— 선조운은 어머니계의 4·9대 선조의 공덕이 많고, 아버지계의 6·11대 선조가 지은 간음과 살생의 업장이 있다.

— 길한 인연은 1·2·3월생이고, 흉한 인연은 7·8·9월생이다.

— 부부운은 60% 길하고 40%는 흉하여 화합은 많고 다툼은 적다. 부부운이 길하여 남편이 바람을 많이 피워도 침실이 화락하니 자손이 만당이다.

— 직업운은 예능계통·학자·발명가·연설가·승려·교사·변호

사·계리사·흥행가 등과 경쟁적인 업무가 좋다. 또 의류·포목·디자이너·교육·침구·지물포·지압·바느질·조각·미용·예술·승려·화장품·타자·음악가·가구점·악기점·서점·문방구·신문사·당구장 등도 길하다.

— 길한 해는 갑(甲)·을(乙)·인(寅)·묘(卯)년이다.

— 길한 방위는 동방위·북동방위·남동방위이다.

— 길한 색상은 초록색·흑색·청색이다.

— 길한 수리는 3·8·1·6이다.

— 길한 시간은 아침이다.

— 길한 글자는 목(木)·동(東)·춘(春)·청(靑)·인(仁)·온(溫)·임(壬)·갑(甲)·을(乙)·인(寅)·묘(卯)이다.

— 건강운은 사주에 금기(金氣)가 강하여 호흡기·대장·골격에 질병이 따르고, 목기(木氣)가 부족하여 간장·담·신경계통·정신병·두면 등에 질병이 나타날 수 있다. 그리고 신장과 심장도 불안하다.

— 길한 물건은 나무·가구·나무책상·책·꽃·어항·수족관·냉장고·목욕탕 등이다.

11. 상대의 마음을 잘 아는 비법

어느날 첫 손님으로 여성이 들어왔다.

■ 마사코 : 곤명(坤命)

년	월	일	시						
癸	乙	戊	壬	丙	丁	戊	己	庚	辛	壬
丑	丑	午	子	寅	卯	辰	巳	午	未	申

역　산 : 남편복도 많고 돈복도 많은데 뭐가 걱정이요?

마사코 : 예 맞아요. 남편복도 있는 편이고 돈복도 많아요. 그런데 저는 밖에 나가면 인간관계 때문에 항상 고민입니다. 어떻게 하면 상대방의 마음을 잘 알고 원만하게 지낼 수 있을까요?

역　산 : 상대방의 마음을 잘 아는 비법은 첫째로 역지사지입니다. 상대방의 입장에서 생각하는 지혜를 가져야 합니다. 그러면 문제의 답이 저절로 나오지요.

마사코 : 역지사지란 말이 정말 감동입니다. 또 무엇이 있나요?

역　산 : 상대방의 마음을 잘 아는 비법은 둘째로 이심전심입니다. 마음과 마음은 통하는 이치가 있습니다. 자기가 느끼는 것은 상대방도 느낍니다.

마사코 : 이심전심을 잘 생각해야 하는군요. 다음은요?

역　산 : 상대방의 마음을 잘 아는 비법은 셋째로 자심관찰입니다. 자기의 마음을 관찰하고 연구하면 됩니다. 내가 싫어하는 것은 상대방도 싫어하고, 내가 좋아하는 것은 상대방도 좋아하니까요.

마사코 : 자신의 마음을 연구하는 것이 중요하군요.

역 산 : 상대방의 마음을 잘 아는 비법은 넷째로 예감작동입니다. 느낌이나 예감이나 영감 등을 작동시켜야 합니다. 그러려면 축원이나 명상이나 특별한 수도생활이 필요하지요.

마사코 : 저처럼 둔한 사람에게는 좀 어려운 일 같군요.

역 산 : 상대방의 마음을 잘 아는 비법은 다섯째로 대화하면서 상대방의 눈을 똑바로 보지 못하는 사람은 믿지 말아야 합니다. 이런 사람은 마음이 바르지 못하고 거짓이 있는 사람이기 때문입니다.

마사코 : 제 남편이 그래요. 저한테도 눈을 마주치지 않으려고 애를 쓰는 것을 종종 봅니다.

역 산 : 상대방의 마음을 잘 아는 비법은 여섯째로 감언이설에 속지말아야 합니다. 달콤한 말 속에 함정이 있을 수 있어요.

마사코 : 감언이설에 속지 말아야 하는군요.

역 산 : 상대방의 마음을 잘 아는 비법은 일곱째로 관상학을 공부해야 합니다. 간단히 말해 마음이 괴로우면 얼굴을 찌푸리게 되고, 즐거우면 얼굴이 밝아집니다. 마음은 얼굴을 보는 것이 제일 중요합니다. 그리고 나타난 결과를 관찰하면 상대방의 마음을 알 수 있습니다.

마사코는 「상대의 마음을 잘 아는 비법」을 메모했다.

① 입장 바꾸어 상대방 입장에서 생각한다.

② 마음과 마음은 통하는 이치가 있다.

③ 자기 마음을 관찰하고 연구한다.

④ 느낌이나 예감이나 영감 등을 작동시켜라.

⑤ 상대방의 눈을 바로 보지 못하는 사람은 믿지 말라.

⑥ 감언이설을 경계하라.

⑦ 관상학을 공부하면 상대의 마음을 알 수 있다.

⑧ 나타난 결과를 관찰해보면 알 수 있다.

12 상사의 마음에 드는 비법

마사코 : 제 남편을 좀 봐주세요. 남편은 회사에 다니는데 항상 상
　　　　 사와 대립합니다. 그래서 그런지 승진도 되지 않고, 희망
　　　　 이 점점 없어집니다. 좋은 비법이 없을까요?

역　산 : 상사의 마음에 드는 비법은 먼저 상사를 부모처럼 진심으
　　　　 로 존경해야 합니다. 회사원이 출세하려면 상사의 마음에
　　　　 들어야 합니다. 그렇지 않으면 아무리 유능해도 출세할
　　　　 수 없습니다. 그러나 상사를 진심으로 존경하는 것이 중
　　　　 요합니다.

마사코 : 상사를 존경하는 것이 중요하군요. 남편은 지금까지 상사
　　　　 를 한 번도 존경한 적이 없습니다. 집에 오면 항상 상사
　　　　 를 흉보며 욕을 합니다.

역　산 : 상사를 존경하지 않는데 상사가 남편을 승진시킬 리가 없지요. 상사의 마음에 들어 출세하는 비법은 둘째로 상사를 위해 충성과 봉사를 다해야 합니다. 충성하고 봉사하는 부하를 싫어할 사람은 없습니다.

마사코 : 충성과 봉사가 필요하군요.

역　산 : 상사의 마음에 들어 출세하는 비법은 셋째로 상사에게 신임과 보증을 받아야 합니다. 상사에게 신임이나 보증을 받지 못하면 출세할 수 없습니다.

마사코 : 상사에게 신임을 받는다는 것이 어렵습니다.

역　산 : 또 상사에게 능력을 인정받고 승진을 약속받을 수 있어야 출세길이 열리지요.

마사코 : 인정을 받아야 하는군요.

역　산 : 상사의 마음에 들어 출세하는 비법은 충성하면서 상사의 잘못을 솔직히 고하는 충간(忠諫)이 되어야 합니다. 상사가 잘못을 하는데도 말하지 않는다면 다음에 자신도 해로움을 당할 수 있지요.

마사코 : 충간이 필요하군요.

역　산 : 상사의 마음에 들어 출세하는 비법은 자신의 공적을 상사에게 양보할 줄도 알고, 작은 실수는 자신이 한 것으로 돌릴 줄도 알아야 합니다. 또 잔꾀를 부리지 않고 우직해야 하며, 상사의 훈계를 메모하여 잘 기억하는 습관도 가져야 합니다.

마사코는 「상사의 마음에 드는 비법」을 메모했다.

① 상사를 부모처럼 진심으로 존경한다.

② 상사를 위해 충성과 봉사를 다한다.

③ 상사에게 신임과 보증을 받는다.

④ 상사에게 인정을 받고 약속을 받는다.

⑤ 상사에게 충간도 해야 한다.

⑥ 공적을 상사에게 양보한다.

⑦ 작은 실수는 자신에게로 돌린다.

⑧ 상사의 훈계를 메모하여 잘 기억한다.

마사코 : 그럼 제 사주는 어떤가요?

역　산 : 당신의 일간(日干)은 무토(戊土)입니다. 일간(日干)은 그
　　　　　사람의 성격을 가장 잘 나타냅니다. 효심과 책임감과 약
　　　　　속을 중요하게 생각하는 성격이군요.

마사코 : 예 맞아요. 전 약속은 칼입니다. 또 약속을 잘 안 지키는
　　　　　사람을 제일 싫어합니다.

역　산 : 비교적 성격이 후덕하고 관대하나 급한 것이 단점입니다.
　　　　　용맹이 지나치며 거만하고 단도직입적입니다. 호쾌하며
　　　　　생각이 단순한 편이지요.

마사코 : 남자처럼 과격한 부분이 많고, 또 자존심이 강합니다.

역　산 : 그렇습니다. 겉으로는 온후해 보이나 허풍도 있네요.

마사코 : 맞아요. 호호호호….

역　산 : 희망과 목적이 멀고 큽니다. 집착은 강하나 인내력은 부족한 면이 있습니다.

마사코 : 전 자만심이 강하여 전체와 화합하는 면이 부족합니다. 또 욕심도 많고 인정도 많아 다방면에 진출하고자 하는 경향이 있습니다.

역　산 : 자신을 잘 알고 있군요. 의협심으로 남을 잘 도와주나 때로는 남을 지배하고자 합니다.

마사코 : 전 어떤 사람과 성격이 잘 맞나요?

역　산 : 계(癸)·정(丁)·기(己)·신(辛)일생과 가장 잘 맞습니다.

마사코 : 조상님과의 인연은 어떤가요?

역　산 : 먼저 어머니계의 5·10대 선조가 도와줍니다. 그리고 아버지계의 3·8대 선조님의 불륜색정의 업장이 있습니다.

마사코 : 그런 색정의 인연 때문에 저도 좀 불륜한 부분이 있는가 보군요. 어떤 사람과 동업을 하면 좋겠습니까?

역　산 : 길한 인연은 5·6·7월생이고, 흉한 인연은 11·12·1월생입니다.

마사코 : 부부궁합은 어떤가요?

역　산 : 아주 좋군요. 속궁합이 좋아 밤마다 천국입니다. 부부운은 부부가 일심동체이니 주야로 화락합니다.

마사코 : 예. 그래요. 남편이 호색가인데 저도 그렇구요. 그래서 침대 위에만 올라가면 우린 언제나 천국이예요. 호호호호….

역　산 : 부럽습니다.

마사코 : 그러나 초년에는 고생 많이 했어요. 초년운은 어떤가요?

역 산 : 어릴 때 병약하여 병원에 자주 가거나 환경이 불리하여 서러움을 많이 당하는 운입니다. 사고나 질병이 두렵고 단명운도 있습니다. 항상 자동차나 위험한 물건을 멀리해야 하는 흉운이었습니다.

마사코 : 예 맞아요. 어려서 고생 참 많이 했어요. 그럼 중년운은 어떤가요? 지금은 살만한데요.

역 산 : 중년운은 처처에서 득재하고 만인이 도와주니 복록이 풍족합니다. 의외로 성공하니 길운입니다. 중년운세는 대길운이며 부귀운이다. 운세가 태평성대를 만난 시기이니 물고기가 물을 만난 격입니다. 사업이나 소원한 것은 대성 발전합니다. 소원은 반드시 성취하며 직장에서는 출세하고 승진합니다. 중년은 전성의 대길운이니 과감하게 전진하는 것이 좋고, 재물은 산처럼 쌓입니다. 심신은 건강하며 부귀가 넘치는 최고를 달리는 시기입니다. 부귀영화가 들어오는 시기이니 주저하지 말고 전진하세요. 관대하면 사람을 얻고 용서하면 원한이 소멸됩니다.

마사코 : 중년운은 상당히 좋군요. 그럼 말년운은 어떤가요?

역 산 : 말년운은 불리합니다. 재주가 있어도 써먹을 수 없으니 작은 이익에 만족하면서 분수를 지켜야 합니다. 또 노년에 질병에 걸릴까 두렵군요. 장기간 입원할 운이니 특히 건강을 조심해야 합니다.

마사코 : 말년운은 불리하군요. 그럼 직업운은 어떤가요?

역　산 : 교육계통이 가장 좋고, 의사·평론가·기사·운명가·서비스업도 좋습니다.

마사코 : 전 땅을 많이 갖고 싶은데 어떤가요?

역　산 : 땅과도 인연이 맞습니다. 부동산 중개업이나 농업이나 목장, 과수원 등도 길합니다.

마사코 : 목장이나 과수원을 하고 싶어요. 언제 하면 좋을까요?

역　산 : 길한 시기는 화토(火土)가 길신이니 천간(天干)에 병정무기(丙丁戊己)가 들어오는 해와, 지지(地支)에 진미술사오(辰未戌巳午)가 들어오는 해가 길합니다.

마사코 : 방위는 어디가 좋은가요?

역　산 : 남방위와 남서방위가 좋습니다. 그러나 지명이 더 중요합니다. 즉 길한 글자가 들어가는 지역이 좋은데 화(火)·남(南)·하(夏)·적(赤)·복(禮)·서(暑)·염(炎)·병(丙)·정(丁)·사(巳)·오(午)입니다.

마사코 : 그렇군요. 전 밝은 색을 좋아하는데 색상운은 어떤가요?

역　산 : 길한 색상은 황색·적색·밝은색입니다. 그리고 길한 수리는 2·7·5·0이고, 길한 시간은 낮과 오후입니다.

마사코 : 건강운은 어떤가요?

역　산 : 부인병과 하체를 조심하세요. 그리고 심장·소장·혈액·위장·비장·복부·피부에도 질병이 나타날 수 있습니다.

마사코 : 전 흙을 좋아하는데 어떤가요?

역　산 : 길한 물건은 흙·화분·벽돌·난로·조명·전기·부동
　　　　산·대지 등입니다. 흙과는 인연이 좋습니다.
마사코는 기뻐하며 돌아갔다.

13. 정치가로 대성하는 비법

어느날 오후 부부로 보이는 40대 초반의 남녀가 찾아왔다.

■ 아리모토 : 건명(乾命)

년	월	일	시							
甲	甲	己	戊	乙	丙	丁	戊	己	庚	辛
辰	戌	酉	辰	亥	子	丑	寅	卯	辰	巳

기토(己土)가 술월(戌月)생이며 토기(土氣)와 금기(金氣)가 많아
월간(月干) 갑목(甲木)을 용신(用神)으로 삼는다. 화(火)는 희신
(喜神), 금(金)은 기신(忌神), 수(水)는 구신(仇神), 토(土)는 한신
(閑神)이다. 정관(正官)이 길신(吉神)이며 투출(透出)하여 정치가
로 진출할 명조인데, 뿌리가 미약하고 희신이 없으니 고관은 어렵
고 중관이나 하급공무원은 가능하다. 토기(土氣)가 태왕하여 고집
이 세고, 친구나 상사와 충돌이 많다.

아리모토 : 선생님의 고명을 듣고 멀리 오오사카에서 왔습니다. 저
　　　　　 는 정치가 지망생입니다. 저도 장차 정치가로 크게 성
　　　　　 공하고 싶습니다. 좋은 비법이 있다면 가르쳐 주십시요.

역　　산 : 남자라면 누구나 원하는 것이 권력이고 정치가입니다.
　　　　　 훌륭한 정치가가 되고 싶다는 꿈을 가지는 것은 좋은
　　　　　 것입니다. 정치가로서 대성하는 비법은 첫째로 정치에
　　　　　 크게 성공한 인물을 목표로 정하는 것입니다. 존경하는
　　　　　 정치가를 목표로 정하고 닮아가려고 노력하면 언젠가는
　　　　　 자신도 그러한 인물이 되지요.

아리모토 : 저는 미국의 16대 대통령인 링컨을 존경하고 목표로 정
　　　　　 하고 싶습니다.

역　　산 : 좋습니다. 링컨이라면 참으로 훌륭한 대통령이지요. 정
　　　　　 치가로서 대성하는 비법은 정치에 관한 여러 가지의 지
　　　　　 식을 준비해야 합니다. 모든 일이 그렇듯이 준비하지
　　　　　 않은 자에게는 기회가 오지 않습니다.

아리모토 : 정치지식의 준비가 중요하군요.

역　　산 : 정치가로서 대성하려면 민중을 제압하는 뛰어난 화술을
　　　　　 준비해야 합니다. 화술로 민중을 제압하지 못하면 정치
　　　　　 가로 성공하지 못합니다. 때문에 웅변을 연습하거나 대
　　　　　 화술을 많이 연구해야 합니다.

아리모토 : 화술도 중요하군요.

역　　산 : 그리고 정치가로서 대성하는 비법은 인간관계나 윤리도

덕에 결함을 남기지 않아야 합니다. 특히 여자문제나 윤리도덕에 결함이 있으면 큰 타격을 입고 실패하지요.

아리모토 : 윤리도덕에 신경을 많이 써야 하는군요.

역   산 : 그리고 정치가로 대성하는 비법은 부정축재를 하지 말고 금전거래를 깨끗하게 해야 합니다. 부정축재나 금전거래에 오점을 남기면 정적의 비방에 걸려들어 고통을 당하거나 실패할 수 있지요.

아리모토 : 금전거래가 깨끗해야 하는군요.

역   산 : 그리고 정치가로 대성하려면 초지일관하는 염력을 가져야 합니다. 염력은 자신을 크게 발전시키고 희망과 용기를 줍니다. 염력을 갖지 못하면 발전할 수 없습니다.

아리모토 : 염력이 필요하군요.

역   산 : 그리고 정치가로서 대성하는 비법은 훌륭한 정치가들의 선정을 많이 공부해야 합니다. 공부를 하지 않으면 절대 성공할 수 없지요.

아리모토 : 정치공부가 중요하군요.

역   산 : 그리고 현재 모시는 정치인에게 충성을 다해야 합니다. 매사 순리에 따라 안전하게 전진하면 반드시 정치가로서 대성할 수 있습니다.

아리모토는 「정치가로 대성하는 비법」을 메모했다.

① 정치가로 크게 성공한 인물을 목표로 정한다.

② 정치에 관한 여러 가지 지식을 준비한다.

③ 민중을 제압하는 뛰어난 화술을 준비한다.

④ 인간관계나 윤리도덕에 결함을 남기지 않는다.

⑤ 부정축재를 하지 말고 금전거래를 깨끗이 한다.

⑥ 초지일관하는 훌륭한 정치가의 염력을 가진다.

⑦ 훌륭한 정치가들의 선정을 많이 연구한다.

⑧ 현재 모시고 있는 정치인에게 충성을 다한다.

14. 연예계에서 스타가 되는 비법

아리모토가 말을 끝내자 미유키가 입을 열었다.

■ **미유키 : 곤명(坤命)**

년	월	일	시						
乙	庚	甲	甲	辛	壬	癸	甲	乙	丙	丁
巳	辰	午	子	巳	午	未	申	酉	戌	亥

갑목(甲木)이 진(辰)월생이며 시지(時支)에 자수(子水)가 유근(有根)하여 금수(金水)운은 길하고 목화(木火)운은 흉하다. 자오도화(子午桃花)가 중중하니 연예인 사주이고, 색정끼도 많다. 재복(財福)이 많고 인기운이 있다. 수명이 길고 말년운이 길하다. 앞으로

연예계에서 성공할 것이다.

미유키 : 저는 삼류배우입니다. 저도 연예계에서 큰 스타가 되고
　　　　　싶어요. 좋은 비법이 있다면 가르쳐 주세요.

역　산 : 연예계에서 스타가 되는 비법은 첫째 스타가 된다는 강한
　　　　　염력을 항상 가져야 합니다. 그래야 언젠가는 꿈이 실현
　　　　　될 수 있습니다.

미유키 : 염력준비가 중요하군요. 다음은 또 무엇이 있나요?

역　산 : 다음은 자기찬미입니다. 즉 자신을 진실로 찬미하며 용기
　　　　　를 가져야 합니다. 자기가 자기를 찬미할 줄 모르면 용기
　　　　　가 나오지 않고, 좋은 운세가 오지 않습니다. 불광불급(不
　　　　　狂不及)이란 말이 있듯이 미치지 않으면 도달하지 못합니
　　　　　다. 자기찬미에 미쳐야 성공하지요.

미유키 : 자기찬미가 매우 중요하군요.

역　산 : 그리고 연예계에서 스타가 되는 비법은 개성개발인데, 즉
　　　　　자기만의 독특한 개성을 개발해야 합니다. 배우는 많기
　　　　　때문에 독특해야 발탁되고 출세하게 되지요.

미유키 : 독특한 개성이 중요하군요.

역　산 : 그리고 스타가 되려면 꾸준히 연구하고 준비해야 합니다.
　　　　　그러면 언젠가는 기회가 옵니다. 즉 연속연습입니다.

미유키 : 꾸준한 연습과 준비가 필요하군요.

역　산 : 그리고 연예계에서 스타가 되는 비법은 겸손한 미덕을 갖

고 있어야 합니다. 인기를 조금 얻었다고 무례해지면 곧 인기를 잃게 되지요. 즉 겸손미덕이 중요합니다..

미유키 : 조금 인기가 있는 듯하다 사라지는 배우들은 겸손한 미덕을 지니지 못했기 때문입니다.

역 산 : 그리고 연예계에서 스타가 되는 비법은 사람의 기본 도리에 성실해야 합니다. 즉 부모님께는 효도하고, 부부간에는 화목하며, 형제간에 우애 있고, 자녀의 교육에 성실하여 인의예지의 덕목을 갖추어야 합니다.

미유키 : 도리를 지키면서 산다는 것이 참으로 어려운 것 같아요.

역 산 : 그리고 연예계에서 스타가 되는 비법은 과욕을 버리고 자기관리를 잘해야 합니다. 또 말과 행동에 신중을 기해야 합니다. 즉 언동신중입니다.

미유키는 「연예계에서 스타가 되는 비법」을 메모했다.

① 스타가 된다는 강한 염력을 항시 준비하여 둔다.

② 자기가 자기를 진실로 찬미하여 용기를 가진다.

③ 자기만의 독특한 개성을 개발하여 기른다.

④ 기회가 올 때까지 꾸준히 연구하고 연습한다.

⑤ 겸손한 미덕을 갖고 있어야 인기를 유지한다.

⑥ 인간이 해야 할 기본적인 도리에 성실해야 한다.

⑦ 과욕을 버리고 자기관리에 노력한다.

⑧ 말과 행동에 신중을 기한다.

15. 일류 스포츠선수가 되는 비법

미유키는 아들이 일류 스포츠선수가 되고 싶어한다며 비법을 가르쳐 달라고 하였다.

■ **미유키 아들 : 건명(乾命)**

년	월	일	시
庚	乙	丙	乙	丙丁戊己庚辛壬
午	酉	子	未	戌亥子丑寅卯辰

병화(丙火)가 유(酉)월생이니 신약(身弱)이다. 목화(木火)운은 길하고 금수(金水)운은 흉하다. 역시 재복은 많으나 아내복이 없다. 수명장수하고 대기만성한다. 사업가로 나서면 크게 성공하고, 여자 문제로 망신을 많이 당할 것이다. 영웅호색이란 말이 이 사주에 해당한다.

역　산 : 일류 스포츠선수가 되는 비법은 첫째로 자신의 체력이나 신체 조건을 잘 아는 중요합니다. 체력이 따라주지 않으면 아무리 노력해도 어려운 것이 스포츠입니다. 아들의 체력을 먼저 관찰해보세요.

미유키 : 체력은 자신 있습니다.

역　산 : 그리고 일류 스포츠선수가 되는 비법은 운동능력과 소질을 잘 판단해야 합니다. 그렇지 않으면 성공하기 어렵지요. 의욕만 갖고는 안됩니다.

미유키 : 능력과 소질을 잘 판단해야 하는군요.

역 산 : 그리고 일류 스포츠선수가 되는 비법은 남보다 3배 이상 노력해야 합니다. 체력과 소질이 있어도 남보다 많이 노력해야 합니다. 무슨 일이든 이렇게 노력한다면 성공할 수 밖에 없지요. 3배 노력이 중요합니다.

미유키 : 역시 노력이 중요하군요.

역 산 : 일류 스포츠선수가 되는 비법은 자기찬미를 많이 해야 합니다. 그래야 용기가 살아나고 전진하는 힘이 강해져 성공할 수 있지요.

미유키 : 자기찬미란 자기암시와 같은 것이지요?

역 산 : 그렇습니다. 그리고 일류 스포츠선수가 되는 비법은 사진 시봉(寫眞侍奉)입니다. 존경하는 선수의 사진을 걸어두고 자주 보는 것입니다. 그리고 스포츠계의 정보를 많이 입수하여 응용하는 것도 필요하지요.

미유키 : 사진을 걸어두는 것이 어떤 효과가 있나요?

역 산 : 암시적인 큰 효과가 있습니다. 그리고 일류 스포츠선수가 되는 비법은 자기관리입니다. 언동에 신중을 기하여 구설수에 걸려들지 않아야 하고, 또 도리에 성실하여 선배나 동료, 후배 등의 관계자들과 잘 화합해야 합니다. 또 윤리 도덕에 벗어나는 행동을 하지 않아야 합니다.

미유키는 「일류 스포츠선수가 되는 비법」을 메모했다.

① 자신의 체력이나 신체의 적성을 잘 파악한다.

② 자신의 운동 능력과 소질을 잘 파악한다.

③ 남들보다 3배 이상의 노력을 해야 한다.

④ 자기찬미를 많이 한다.

⑤ 존경하는 선수의 사진을 걸어두고 자주 본다.

⑥ 스포츠계의 정보를 많이 입수하여 응용한다.

⑦ 언동을 조심하여 구설수에 걸려들지 않는다.

⑧ 윤리도덕에서 벗어나지 않는다.

16. 예술가나 작가로 성공하는 비법

미유키는 이번에는 딸의 운세를 부탁했다. 딸은 문학가가 되고 싶어하는데 좋은 비법이 있으면 알려달라고 하였다.

■ **미유키의 딸 : 곤명(坤命)**

년	월	일	시							
辛	甲	甲	癸	乙	丙	丁	戊	己	庚	辛
未	午	子	酉	未	申	酉	戌	亥	子	丑

갑목(甲木)이 오(午)월생이니 신약(身弱)이다. 일지(日支) 자수(子水)가 용신(用神)이고 금(金)이 희신(喜神)이다. 전형적인 현모

양처 사주이다. 남편복이 많고 수명이 길며 재물복도 많다. 만일 일지(日支)에 흉신이 자리했다면 바람둥이가 되지만 다행히 일지(日支)에 길신(吉神)이 있어 귀부인이 되었다. 오복을 구비한 좋은 명조이다. 반드시 소원을 성취할 것이다.

역　산 : 예술가나 작가로서 출세하는 비법은 첫째로 3배 노력입니다. 남들보다 3배 이상 노력하는 것이 중요합니다. 그리고 불광불급(不狂不及)이라는 말이 있듯이 완전히 미치지 않으면 도달하지 못합니다.

미유키 : 불광불급이란 말이 감동적이군요.

역　산 : 그리고 예술가나 작가로서 출세하는 비법은 목표가 되는 사람을 정하고 닮아가려고 노력하는 것이 중요합니다. 초보단계에서는 유명인의 작품을 열심히 모방하며 배워 가는 것이 중요하니까요. 공부하지 않거나 연구하지 않고서 성공한 사람은 한 명도 없습니다.

미유키 : 배우는 입장에서는 모방이 필요하군요.

역　산 : 그리고 예술가나 작가로 출세하는 비법은 남들보다 3배 이상의 강한 염력을 만들어야 합니다. 꾸준히 노력하고 준비하면 반드시 기회가 오지요. 준비하지 않으면 기회가 와도 자기 것으로 만들지 못합니다. 그리고 최종적으로는 자신만의 독특한 개성을 갖는 것이 중요합니다. 언제까지나 남의 작품을 모방만 할 수는 없습니다. 그리고 오직

한 마음, 즉 일편단심이면 반드시 성공합니다.

미유키는 「예술가나 작가로 성공하는 비법」을 메모했다.

① 남들보다 3배 이상 노력한다.

② 작품에 완전히 미치지 않으면 도달하지 못한다.

③ 목표가 되는 사람을 정하고 닮으려고 노력한다.

④ 초보단계에서는 유명인의 작품을 열심히 모방한다.

⑤ 남들보다 3배 이상의 강한 염력을 만들면 성공한다.

⑥ 노력하고 준비하면 반드시 기회는 온다.

⑦ 자신만의 독특한 개성을 갖는다.

⑧ 오직 한 마음, 즉 일편단심을 갖는다.

17. 학문연구가 결실을 맺도록 하는 비법

어느날 오후 20대 초반의 남자 3명과 여자 1명이 들어왔다. 학교 동창이나 친구처럼 보였다.

■ **나카지마 : 건명(乾命)**

년	월	일	시						
庚	庚	丙	戊	辛	壬	癸	甲	乙	丙	丁
申	辰	辰	戌	巳	午	未	申	酉	戌	亥

역　　산 : 지지(地支)에 토기(土氣)가 중중하여 학문이나 연구나 종교계로 진출할 명조군요.

나카지마 : 예 맞습니다. 저는 학문을 연구하는 중입니다. 학문연구가 결실을 맺도록 하는 좋은 비법이 있습니까?

역　　산 : 학문연구가 결실을 맺도록 하려면 첫째, 목표를 정했으면 초지일관하는 마음을 갖는 것이 중요합니다.

나카지마 : 초지일관이 중요하군요.

역　　산 : 그리고 학문연구가 결실을 맺도록 하는 비법은 어떤 어려움이 닥쳐도 이기는 백절불굴의 결심이 중요하지요.

나카지마 : 백절부굴의 결심이 중요하군요.

역　　산 : 그리고 학문연구가 결실을 맺도록 하는 비법은 만물박사가 되려는 과욕을 버려야 합니다. 그렇지 않고 여러 가지에 마음을 분산시키면 결국은 어느 한 가지도 성공할 수 없지요.

나카지마 : 과욕은 어느 분야에서나 안 되는 것이군요.

역　　산 : 과욕은 모든 화의 근원이니까요. 학문연구가 결실을 맺도록 하는 비법은 한 가지 분야에 집중하여 연구하고 투자하는 것이 중요합니다.

나카지마 : 집중적인 연구가 필요하군요.

역　　산 : 그리고 학문연구가 결실을 맺도록 하는 비법은 인연이 없는 분야에는 아예 들어가지 말아야 합니다. 인연이 없는 분야에 들어가서 허송세월을 보내는 것은 참으로 안타까운 것이지요.

나카지마 : 인연이 없는 분야는 처음부터 들어가지 말아야겠군요.

역 산 : 그리고 학문연구가 결실을 맺게 하는 비법은 학문연구에 미치지 않으면 도달하지 못한다는 는 것을 생각해야 합니다. 미쳐야 합니다. 불광불급(不狂不及)입니다.

나카지마 : 예 그렇군요.

역 산 : 그리고 학문연구가 결실을 맺게 하는 비법은 서두르지 말고 충분한 여유와 휴식을 취해가면서 순리에 따라 전진해야 좋은 결실을 맺을 수 있습니다.

나카지마는 「학문연구가 결실을 맺도록 하는 비법」을 메모했다.

① 목표를 정했으면 초지일관의 마음을 가진다.

② 어떤 어려움이 닥쳐도 극복한다.

③ 만물박사가 되려는 욕심을 버려야 한다.

④ 한 가지 분야에 집중적으로 연구하고 투자한다.

⑤ 인연이 없는 분야에는 아예 들어가지 말라.

⑥ 학문연구에 미치지 않으면 도달하지 못한다.

⑦ 큰 그릇은 늦게 이루어지는 법이다.

⑧ 서두르면 목표에 도달하지 못한다.

■ 학문연구결실비법(學問硏究結實秘法)

초지일관 백절부굴(初志一貫 百折不屈)

과욕금지 집중연구(過慾禁止 集中研究)

무연불입 불광불급(無緣不入 不狂不及)

대기만성 욕속불달(大器晚成 欲速不達)

역　　산 : 중이 염불하듯이 많이 독송하면 큰 효과를 볼 거요.

나카지마 : 전 스님이 되고 싶은 마음도 많은데 맞을까요?

역　　산 : 사주에 토기(土氣)가 많은 사람은 종교계통으로 많이
　　　　　 나갑니다. 당신은 중이 되면 틀림없이 고승이 될 거요.

나카지마 : 제 사주는 좀 보기가 어렵다고 하던데요?

역　　산 : 어려울 것도 없어요. 금수(金水)가 길하고 목화토(木火
　　　　　 土)는 흉한 사주입니다.

나카지마 : 어떤 감정사는 저한테 독신팔자라고 하던데, 그런가요?

역　　산 : 남자에게는 재성(財星)이 처나 첩인데 처가 4명이나 되
　　　　　 는데 왜 독신입니까. 다만 부부궁인 일지(日支)에 기신
　　　　　 (忌神)이 자리하여 결혼생활이 원만하지 못하여 여러
　　　　　 번 이혼하거나 별거를 할 거요.

나카지마는 쓴 입맛을 다시며 물러앉았다.

18. 원하는 회사에 들어가는 비법

나카지마가 물러앉자 마유미가 촉새처럼 튀어나왔다.

■ 마유미 : 곤명(坤命)

년	월	일	시						
庚	壬	乙	辛	辛	庚	己	戊	丁	丙	乙
申	午	亥	巳	巳	辰	卯	寅	丑	子	亥

마유미 : 저는 A회사에 꼭 들어가고 싶어요. 제가 원하는 회사에 들어가는 비법이 있나요?

역　산 : 원하는 회사에 들어가는 비법은 먼저 좋은 회사일수록 희망자는 많고 문은 좁다는 것을 생각해야 합니다. 그러니 실력을 쌓아 입사시험에 응시해야 합니다.

마유미 : 충분한 실력의 준비가 중요하군요.

역　산 : 그리고 원하는 회사에 들어가는 비법은 입사시켜 달라는 염력을 강하게 가져야 합니다. 염력의 기적은 맛보지 않은 사람은 이해하기 어렵지요. 염력강화가 중요합니다.

마유미 : 염력강화가 그렇게 중요하군요.

역　산 : 그리고 원하는 회사에 들어가는 비법은 긴장하지 말고 시험에 임해야 합니다. 긴장하면 실력을 충분히 발휘하지 못할 수도 있으니까요.

마유미 : 저는 너무 긴장을 많이 하는 것 같아요.

역　산 : 그리고 원하는 회사에 들어가는 비법은 자기만의 독특한 특기를 발표하는 것도 중요합니다. 독특한 특기가 있으면서도 발표하지 못하면 손해이지요.

마유미 : 특기가 있으면 반드시 발표해야 하는군요.

역　산 : 그리고 원하는 회사에 들어가는 비법은 회사의 사훈이나 방침을 알아두고 독송하는 것도 아주 좋습니다.

마유미 : A회사의 사훈은 '정직 성실'입니다.

역　산 : 그리고 원하는 회사에 들어가는 비법은 희망하는 회사의 이름을 써서 벽에 붙여두고 매일 보며 자기암시를 하는 것도 중요합니다. 그리고 과거의 잘못을 반성하면서 정도를 행할 것을 맹세하는 것도 좋고, 또 천지신명께서 간절히 기원하여도 반드시 효험을 봅니다.

마유미는 「원하는 회사에 들어가는 비법」을 메모했다.

① 충분한 실력을 준비하고 응시에 임한다.

② 입사시켜 달라는 강한 염력을 만든다.

③ 긴장하지 말고 여유를 갖고 시험에 임한다.

④ 자기만의 독특한 특기를 발표한다.

⑤ 회사의 사훈이나 방침을 알아두고 독송한다.

⑥ 희망하는 회사의 이름을 써서 벽에 붙여둔다.

⑦ 잘못을 반성하고 정도를 행할 것을 맹세한다.

⑧ 천지신명께서 도와주시기를 기원한다.

마유미 : 제 사주는 어떤가요?

역　산 : 남편복이 많습니다. 그러니 결혼하면 개운이 빨리 됩니다.

마유미 : 어떤 사람과 결혼하면 사랑을 많이 받을 수 있을까요?

역 산 : 10·11·12월생이 제일 좋습니다. 당신의 용신(用神)은 월
간(月干) 임수(壬水)인데 투출(透出)했고, 또 일지(日支)
해수(亥水)가 길신(吉神)으로 자리하여 남편복이 많습니
다. 그리고 자녀복·재물복·명예복도 많은 귀부인 사주
입니다. 지금은 옆에 있는 친구들과 어울리지만 10년만
지나도 차이가 벌어져 어울리기가 어려울 거요. 장관부인
감이군요.

마유미는 깜짝 놀라며 연달아 감사하다고 하였다.

19. 회사에서 빨리 출세하는 비법

마유미가 기뻐하며 물러나자 무라사카가 다가와 앉았다.

■ **무라사카 : 건명(乾命)**

년	월	일	시						
庚	乙	丁	壬	丙	丁	戊	己	庚	辛	壬
申	酉	酉	寅	戌	亥	子	丑	寅	卯	辰

무라사카 : 저는 마유미를 사모하는데 저와는 어울리지 않나요?

역   산 : 그래요. 마유미 씨가 장관부인감이면 당신은 그 집의

하인 밖에 되지 않아요. 아예 꿈도 꾸지 마세요.

무라사카 : 맞습니다. 그냥 농담으로 한 번 해본 말입니다. 선생님
　　　　　 저는 지금 다니고 있는 회사에서 빨리 승진하여 출세
　　　　　 하고 싶어요. 좋은 비법이 있으면 가르쳐 주십시오.

역　　산 : 회사에서 빨리 출세하는 비법은 사람은 마음이 주인이
　　　　　 니 염력으로 움직인다는 것을 생각해야 합니다. 그러니
　　　　　 항상 강한 염력을 준비하는 것이 무엇보다 중요하지요.

무라사카 : 염력을 준비하는 것이 제일 중요하군요.

역　　산 : 염력을 강화시킨 사람일수록 두각을 나타내는 것이 성
　　　　　 공의 원리이니까요. 당신도 먼저 염력을 강화시키는데
　　　　　 최선을 다 해보세요.

무라사카 : 염력강화가 중요하군요.

역　　산 : 그리고 회사에서 빨리 출세하는 비법은 상사에게 충성
　　　　　 을 다해야 합니다. 충성도만큼 출세하기 마련이니까요.

무라사카 : 역시 상사에게 충성하는 것이 중요하군요.

역　　산 : 그리고 사내에서 빠르게 출세하는 비법은 부하에게 관
　　　　　 대하고 포용하는 상사가 되어야 합니다. 상사에게만 충
　　　　　 성하고 부하에게 관대하지 못하면 장해물이 많이 생겨
　　　　　 결국 실패하게 되지요.

무라사카 : 부하에게 관대해야 하는군요.

역　　산 : 그리고 사내에서 빠르게 출세하는 비법은 항상 공부를
　　　　　 게을리 하지 않아야 하고, 또 평생직장이라고 생각하면

서 초지일관하는 마음자세가 중요합니다. 그리고 상사를 친형이나 부모님처럼 진심으로 존경하여 상사에게 인정과 받고 보증을 받는다면 빨리 출세하게 되지요.

무라사카는「회사에서 빨리 출세하는 비법」을 메모했다.

① 염력이 사람을 움직이므로 염력을 준비한다.

② 염력을 강화시킨 사람일수록 두각을 나타낸다.

③ 회사는 계급단체이니 상사에게 충성을 다한다.

④ 부하에게 관대하고 포용하는 상사가 된다.

⑤ 항상 연구하고 공부를 게을리 하지 않는다.

⑥ 평생직장이라고 생각하고 초지일관한다.

⑦ 상사를 형님이나 부모님처럼 진심으로 존경한다.

⑧ 상사에게 인정과 보증을 받는다.

무라사카 : 저는 아내복이 없나요? 여자친구가 없어요.

역　　산 : 네. 아내복이 없는 사주입니다. 때문에 결혼을 좀 늦게 하는 것이 좋습니다. 6번이나 이혼할 팔자라 결혼생활이 원만하지 못하군요. 그러나 돈복은 있고 장수할 수 있습니다. 돈 많은 홀애비 팔자입니다.

무라사카 : 역시 제 팔자에는 여자복이 없군요. 그래도 돈복이 있다니 다행입니다. 돈만 많다면 여자는 얼마든지 살 수 있으니까요. 결혼에는 별로 관심을 두지 않습니다.

20. 불운을 막고 행운을 잡는 비법

다음은 고생을 많이 했는지 근심이 많아 보이는 카시오노가 자신의 생년월일과 시를 말했다.

■ **카시오노 : 건명(乾命)**

년	월	일	시						
庚	戊	壬	庚	己	庚	辛	壬	癸	甲	乙
申	子	戌	子	丑	寅	卯	辰	巳	午	未

카시오노 : 저는 항상 불운이 따라다니는 것 같아요. 어떻게 하면
　　　　　이러한 불운을 제거하고 행운을 잡을 수 있을까요? 건
　　　　　강도 좋지 않고 결혼도 못하고 돈도 없고 직장도 없고
　　　　　무엇을 해도 되는 것이 없어요.

금방이라도 눈물을 흘릴 것 같은 표정이었다.

역　　산 : 전생의 업장이 무거워 고통을 많이 당하는 겁니다. 임수
　　　　　(壬水) 일주(日主)가 자(子)월생이라 신강(身强)인데 수
　　　　　기(水氣)가 너무 많아 태왕(太旺)합니다. 재성(財星)이
　　　　　전혀 없으니 거지사주입니다 월간(月干)에 무토(戊土)가
　　　　　투출하여 종격(從格)도 될 수 없는 사면초가의 명조입니
　　　　　다. 건강운도 나쁘니 병원과 약국의 단골손님이고, 직장

운이 없으니 어느 회사에 들어가도 견디지 못합니다. 물론 자영업을 해도 실패만 하는 안타까운 팔자입니다.

카시오노 : 역시 전 팔자를 나쁘군요. 이러한 불행한 운세를 개운하는 비법을 알려주십시오. 저도 잘 살아보고 싶습니다.

역　산 : 불운을 막고 행운을 잡는 비법은 첫째 모든 운은 사람의 마음을 따라다닌다는 것을 알아야 합니다. 즉 마음가짐에 따라 운세가 변하지요. 따라서 악한 마음이 선한 마음으로 바뀌면 운세도 따라서 길운으로 바뀌게 됩니다.

카시오노 : 마음가짐이 제일 중요하군요.

역　산 : 그러니 불운을 막고 행운을 잡는 비법은 바른 마음으로 바르게 깨닫고 바르게 행동해야 개운됩니다.

카시오노 : 역시 마음이군요.

역　산 : 그리고 불운을 막고 행운을 잡는 비법은 만행의 근본인 부모님께 효도하는 사람이 되어야 빨리 개운됩니다.

카시오노 : 효도란 말이 나오면 저는 고개를 들 수 없습니다. 한 번도 효도를 못해봤습니다. 실천이 어려운 것 같아요.

역　산 : 행동이 중요합니다. 그리고 불운을 막고 행운을 잡는 비법은 인간의 도리에 성실한 사람이 되어야 합니다. 도리란 부모님께 효도하고, 부부간에 화합하며, 형제간에 우애 있고, 자식을 바르게 잘 교육하는 것입니다. 또 관혼상제에 성실하게 임하는 것입니다.

카시오노 : 사람의 도리를 다하며 산다는 것이 어려운 것 같아요.

역   산 : 그리고 불운을 막고 행운을 잡는 비법은 사리에 총명한
        사람이 되어야 합니다. 사리에 총명하다는 것은 대소와
        길흉과 승부와 장단과 생사의 이치를 아는 것이지요.

카시오노 : 사리에 총명한 사람이 되는 것도 매우 어렵군요.

역   산 : 세상사 중에 쉬운 일은 하나도 없습니다. 불운을 막고
        행운을 잡는 비법은 돌아가신 선조를 잘 공양해야 하
        고, 인간관계에서 길연을 맺는 것이 중요합니다.

카시오노는 「불운을 막고 행운을 잡는 비법」을 메모했다.

① 모든 운은 사람의 마음을 따라다닌다.

② 악심이 선심으로 바뀌면 운이 바뀐다.

③ 바른 마음과 바르게 깨닫고 바르게 행동한다.

④ 만행의 근본인 부모님께 효도하는 사람이 된다.

⑤ 인간이 행할 도리에 성실한 사람이 된다.

⑥ 자연의 법칙인 사리에 총명한 사람이 된다.

⑦ 돌아가신 선조에 대한 공양을 잘한다.

⑧ 인간관계에서 길연을 맺는다.

 카시오노가 맥이 빠져 있는 것을 보고는 마유미가 말했다.

마 유 미 : 걱정하지마. 내가 귀부인이 되면 평생보살펴 줄 테니.
        호호호.

카시오노 : 말만 들어도 고맙다. 제발 나를 좀 도와다오.

제4장. 성격을 바꾸는 비법

1. 의지가 약한 사람이 개운하는 비법

어느날 오후 40대 초반의 귀부인이 사무실로 들어왔다. 한 눈에 보아도 돈이 많아 보이고 양귀비가 무색할만큼 대단한 미인인데다 풍기는 것이 고관대작의 부인임을 짐작하게 했다. 행동이나 말하는 태도도 아주 훌륭한 현모양처였다.

■ **후미코 : 곤명(坤命)**

년	월	일	시						
壬	癸	辛	丙	壬	辛	庚	己	戊	丁	丙
寅	卯	酉	申	寅	丑	子	亥	戌	酉	申

역 산 : 신금(辛金) 일주(日主)가 묘(卯)월생이니 신약(身弱)이라

일지(日支)에 유금(酉金)이 용신(用神)이고, 토(土)는 희신(喜神)이라 큰 재벌가의 사주입니다. 또 부부궁인 일지(日支)에 용신(用神)이 있으니 남편복이 많고 수명장수하며 명예가 있고 건강합니다. 오복을 모두 갖춘 귀부인께서 무엇이 궁금하여 오셨는지요?

후미코 : 한국에서 오신 쪽집게 도사라는 소문을 듣고 왔는데 역시 바로 보시는군요. 방금 말씀하신대로 저는 복이 많은 사람입니다. 몸도 건강하고 부부사이도 아주 좋고 돈도 많고요. 무엇하나 아쉬울 게 없어요.

역 산 : 그럼 무엇이 궁금한가요?

후미코 : 보신대로 저는 운세가 아주 좋으니까 더 이상 볼 것이 없어요. 문제는 딸입니다. 딸은 지금 고등학생인데 의지가 너무 약해서 매사에 자신감이 없어요. 의지가 약한 사람의 개운법에 대하여 말씀해주십시요.

■ **후미코의 딸 : 곤명(坤命)**

년	월	일	시						
丙	辛	丁	庚	庚	己	戊	丁	丙	乙甲
寅	卯	酉	子	寅	丑	子	亥	戌	酉申

역 산 : 딸의 사주도 아주 좋군요. 지금은 아직 어려서 의지가 조금 약하지만 앞으로 결혼하면 당신만큼이나 귀부인이 되어 오복을 다 구비할 거요. 건강운도 좋고 남편복도 많고

어 오복을 다 구비할 거요. 건강운도 좋고 남편복도 많고 재물복도 많고….

후미코 : 감사합니다. 그러나 의지가 약해서요.

역　산 : 의지가 약한 사람의 개운법은 첫째, 마음을 수양하며 염력을 강화해야 합니다. 염력을 강화하지 못하면 어렵지요.

후미코 : 염력강화가 제일 중요하군요.

역　산 : 그리고 의지가 약한 사람의 개운법은 자기를 찬미하는 시간을 많이 가져야 합니다. 자기를 찬미할 줄 모르는 사람은 의지가 강해질 수 없지요.

후미코 : 자기찬미가 중요하군요.

역　산 : 그리고 의지가 약한 사람은 사경(寫經)을 많이 하여 공덕을 쌓아야 합니다. 또 정도의 진리를 믿는 절대적 신앙을 가지는 것도 좋고 그리고 쉬지 말고 꾸준한 정성의 공덕을 쌓는 것이 중요하며, 스스로 발전하려는 자력심을 키우는 것이 중요합니다. 마지막으로 처음의 뜻을 끝까지 밀고 나가는 초지일관의 신념이 중요하지요. 그리고 오직 한 마음으로 천지부모님을 모시는 마음이 중요합니다.

후미코는 「의지가 약한 사람이 개운하는 비법」을 메모했다.

① 마음을 수양하여 염력을 강화시킨다.

② 자기를 찬미하는 시간을 많이 가진다.

③ 사경을 많이 하여 공덕을 많이 쌓는다.

④ 정도의 진리를 믿는 절대적 신앙을 가진다.

⑤ 쉬지 말고 꾸준히 정성의 공덕을 쌓는다.

⑥ 스스로 발전하려는 자력심을 키운다.

⑦ 처음의 뜻을 끝까지 밀고 나간다.

⑧ 오직 한 마음으로 천지부모님을 모신다.

2 발표력이 부족한 사람이 개운하는 비법

후미코 : 딸은 발표력이 부족하여 고민하고 있습니다. 발표력이 부족한 사람의 개운비법은 어떤 것이 있나요?

역　산 : 발표력이 부족한 사람의 개운비법은 먼저 책을 큰 소리를 내 많이 읽는 것이 중요합니다. 책을 큰 소리로 읽다보면 자연히 발표력이 향상되지요.

후미코 : 책을 읽는 것이 좋은 비법이군요.

역　산 : 그리고 발표력이 부족한 사람의 개운비법은 남들과 대화하는 시간을 많이 갖는 것도 좋습니다. 사람은 대화를 통해 발표력을 발전시킬 수 있으니까요.

후미코 : 웅변학원에 다니는 것은 어떤가요?

역　산 : 물론 좋습니다. 발표력이 부족한 사람의 개운비법은 웅변학원에 다니며 발표력을 연마하는 것도 좋아요. 그리고 대화할 때는 명확하게 말하는 습관을 가져야 합니다.

후미코 : 언어 수준은 어떤 것이 좋은가요? 좀 유식한 체하는 것이
좋은가요?

역　산 : 아닙니다. 발표력이 부족한 사람의 개운비법은 일상적인
언어를 사용하는 것이 유리합니다. 지나치게 유식한 체하
거나 전문용어를 많이 쓰면 오히려 불리할 수도 있지요.

후미코 : 일상적인 용어가 유리하군요.

역　산 : 그리고 평소에 군중을 압도하는 대화술을 많이 연습하는
것이 중요하고, 또 매사에 자신만만하게 대화에 임하는
것도 중요합니다. 그리고 사람들과 화합을 잘하고 길연을
많이 맺는 것이 필요합니다.

후미코는 「발표력이 부족한 사람이 개운하는 비법」을 메모했다.

① 책을 큰 소리로 많이 읽는다.

② 남들과 대화 시간을 많이 갖는다.

③ 웅변학원에 다니며 발표력을 연마한다.

④ 대화에서는 본론을 명확히 말한다.

⑤ 일상적인 언어를 사용한다.

⑥ 군중을 압도하는 연습을 많이 한다.

⑦ 매사에 자신만만한 자세로 대화에 임한다.

⑧ 사람들과 화합을 잘하고 길연을 많이 맺는다.

3. 겁이 많은 사람이 성격을 고치는 비법

후미코 : 선생님, 딸은 무서움을 잘 타고 겁이 많아요. 겁이 많은
　　　　성격을 고치는 비법은 없나요?

역　산 : 겁이 많은 성격을 고치는 비법은 먼저 삼국지나 영웅전
　　　　등을 많이 읽어 담력을 강화시키는 것이 좋습니다. 담력
　　　　이 강화되면 겁이 없어지게 되니까요.

후미코 : 역시 담력강화가 제일이군요.

역　산 : 그리고 겁이 많은 성격을 고치는 비법은 자신이 가상적으
　　　　로 영웅이 돼보는 것도 좋습니다. 즉 가상적으로 자신이
　　　　삼국지에 나오는 유비가 되어보는 것도 좋지요. 이러한
　　　　것을 대리만족이라고도 하지요.

후미코 : 대리만족도 즐겨볼 필요가 있군요.

역　산 : 그리고 겁이 많은 성격을 고치는 비법은 '나는 강하고 겁
　　　　이 없다'라는 자기암시를 많이 하는 것이 중요합니다. 자
　　　　기암시가 좋은 길로 인도해주니까요.

후미코 : 자기암시가 중요하군요.

역　산 : 그리고 겁이 많은 성격을 고치는 비법은 정신을 집중시키
　　　　는 것이 중요하고, 체력을 강화시키는 것도 필요합니다.
　　　　체력이 강하면 자신감을 생기지요. 그리고 한 마음으로
　　　　하늘을 받드는 일심봉천(一心奉天)의 사상이 중요하고,
　　　　내일 죽어도 여한이 없다는 생각을 갖는 것도 좋습니다.

후미코는「겁이 많은 사람이 성격을 고치는 비법」을 메모했다.

① 영웅전을 많이 읽어 담력을 강화시킨다.

② 자신이 가상적으로 영웅이 돼본다.

③ 소설속의 주인공이 되어 대리만족을 얻는다.

④ '나는 강하다'는 자기암시를 많이 한다.

⑤ 정신을 집중시킨다.

⑥ 체력을 연마하여 강화시킨다.

⑦ 오직 한 마음으로 하늘을 받든다.

⑧ 죽어도 여한이 없다는 생각을 가진다.

후미코 : 그럼 딸의 사주를 봐주세요.

역　산 : 월간(月干)의 신금(辛金)이 용신(用神)인데 일지(日支)에 유금(酉金)이 통근(通根)하여 길신(吉神)이 아주 건강하군요. 길신(吉神)이 건강해야 복이 많습니다.

후미코 : 남편운은 어떤가요?

역　산 : 부부궁은 남녀 모두 일지(日支)로 봅니다. 일지(日支)에 길신(吉神)이 자리하여 남편복이 매우 많습니다. 남편복이 많은 사람은 결혼을 빨리하는 것이 좋습니다. 딸은 결혼을 빨리하면 좋은 남편을 만나고, 남편에게 사랑을 많이 받으며 행복하게 잘 살거요.

후미코 : 고맙습니다. 건강운은 어떤가요?

역　산 : 목기(木氣)가 왕성하여 간·담·신경·두통·머리에 선천적인 질병이 따르고, 후천적으로는 소화기와 피부가 좀 약하군요.

후미코 : 그럼 치료법은 어떤 것이 있나요?

역　산 : 음식으로 치료하는 것이 가장 좋습니다. 철분이 많은 멸치나 두부, 양파가 좋습니다. 또 뿌리음식도 좋습니다. 음식으로 고치지 못할 병은 약이 없다고 했습니다.

후미코 : 좋은 방위는요?

역　산 : 서방위・남서방위・북서방위입니다.

후미코 : 행운의 색상은요?

역　산 : 백색・감색・황색・노란색이 좋습니다.

후미코 : 좋은 시기는 언제인가요?

역　산 : 천간(天干)으로는 기(己)・경(庚)・신(辛)・임(壬)년이고, 지지(地支)로는 미(未)・신(申)・유(酉)・술(戌)・해(亥)년입니다. 오복을 구비한 사주이니 길흉이 별로 나지 않고 일생이 다 좋습니다.

후미코 씨는 기뻐하며 돌아갔다.

4. 노이로제를 치료하는 비법

어느날 오후 40대 초반의 남자가 술취한 사람처럼 불쾌한 모습으로 들어왔다.

■ 고우사카 : 건명(乾命)

```
년  월  일  시
辛  庚  庚  壬      己戊丁丙乙甲癸
丑  寅  寅  午      丑子亥戌酉申未
```

고우사카 : 저는 노이로제로 고민하고 있습니다. 노이로제를 치료
　　　　　하는 비법은 없나요?

역　　산 : 문화가 발전하면서 많은 사람이 노이로제로 고통당하는
　　　　　데, 노이로제도 일종의 영장(靈障)입니다. 노이로제를
　　　　　치료하는 비법은 먼저 노이로제는 영장라는 것을 자각
　　　　　해야 합니다. 정신이 허약해져 악령이 침범한 것이지요.

고우사카 : 영장자각이 먼저군요.

역　　산 : 영장이 일어난 원인은 돌아가신 선조들에게 있으니 선
　　　　　조공양을 열심히 해야 합니다. 선조님들이 협조해야 노
　　　　　이로제가 빨리 치료됩니다.

고우사카 : 선조공양이 필요하군요.

역　　산 : 그리고 노이로제를 치료하는 비법은 건강한 정신을 가
　　　　　지는 것이 중요합니다. 따라서 심신을 안정시켜야 하며,
　　　　　또 긍정적인 생각을 갖는 것이 아주 중요하지요.

고우사카 : 결국은 정신상태가 중요하군요.

역　　산 : 그렇지요. 그리고 눈을 크게 뜨고 천지를 관찰하면 됩
　　　　　니다. 우물 안 개구리가 되지 말고 크게 보는 눈을 가지

면 생각이 바뀌고, 따라서 노이로제를 치료할 수 있지요. 또 사람들과 잘 화합하거나 절대적인 신앙을 갖는 것도 아주 좋습니다. 그러나 종교를 선택할 때는 신중해야 합니다. 사이비 종교가 많으니까요.

고우사카는 「노이로제를 치료하는 비법」을 메모했다.

① 악령들의 장해라는 것을 자각한다.

② 선조해원을 위한 공양을 열심히 한다.

③ 건강하며 밝고 진실한 정신을 가진다.

④ 심신을 수양하여 심신안정을 가진다.

⑤ 부정적인 생각을 버리고 긍정적인 생각을 가진다.

⑥ 대우주의 천지를 관찰해본다.

⑦ 사람들과 잘 화합하며 좋은 인연을 맺는다.

⑧ 일심봉천의 절대적인 신앙을 갖는다.

5. 정신병을 치료하는 비법

고우사카 씨는 집안에 업장이 많은 모양이라며 여동생의 사주를 봐달라고 하였다.

■ 다나까(田中) : 곤명(坤命)

년 월 일 시

丁 癸 己 戊　　甲 乙 丙 丁 戊 己 庚

未 卯 卯 辰　　辰 巳 午 未 申 酉 戌

고우사카 : 여동생이 정신병에 걸려 입원 중입니다. 정신병은 왜
　　　　　 걸리며, 치료하는 방법은 어떤 것이 있나요?

역　　산 : 정신병을 치료하는 비법은 먼저 영장 중에 가장 큰 것
　　　　　 이 정신병이라는 것을 자각해야 합니다. 사람은 육신과
　　　　　 영혼의 이중구조로 되어 있습니다. 따라서 질병도 육신
　　　　　 의 병과 영적인 병이 있습니다. 영적인 병 중에서 제일
　　　　　 골치 아픈 것이 바로 정신병입니다.

고우사카 : 정신병은 참으로 무서운 것이군요.

역　　산 : 정신병을 치료하는 비법은 무엇보다도 천지부모님을 믿
　　　　　 으면서 절대적인 신앙생활을 하는 것이 가장 좋습니다.
　　　　　 그리고 영생불멸과 인과응보의 진리를 무장하면 영장이
　　　　　 사라지게 되지요. 그리고 천지부모님의 은혜를 자각하
　　　　　 며 일심봉천의 청정한 심정을 가지면 됩니다.

고우사카 : 너무 어려운 말씀입니다.

역　　산 : 질병 중에서 가장 무서운 것이 정신병인데 간단하게 치
　　　　　 료되겠습니까. 영계를 보면 원한이 맺힌 영혼들이 많습
　　　　　 니다. 그러니 선조들의 한을 풀어드려야지요.

고우사카는 「정신병을 치료하는 비법」을 메모했다.

① 영장 중에 가장 큰 것이 정신병이다.

② 천지부모님을 믿는 신앙을 가진다.

③ 영생불멸의 진리를 자각한다.

④ 인과응보의 진리를 자각한다.

⑤ 불멸의 도와 인과의 진리를 무장한다.

⑥ 천지부모님의 은혜를 자각한다.

⑦ 일심봉천의 청정한 심정을 갖는다.

⑧ 한이 많은 선조들을 해원시켜 드린다.

6. 자녀를 훌륭하게 키우는 비법

고우사카 : 선생님, 저는 아들만 둘 있는데 훌륭하게 키우는 것이
　　　　　소원입니다. 비법을 말씀해주세요.

역　　산 : '충효득자 승재관명(忠孝得子 勝財官名)'이라는 말이
　　　　　있지요. 충성하며 효도하는 자식을 두면 명예나 관직보
　　　　　다 귀하다는 뜻이지요. 자녀를 훌륭하게 키우는 비법은
　　　　　부모가 영적인 면에서 영양공급을 잘해야 합니다. 부모
　　　　　는 뿌리이며 원인이고, 자녀는 나무이며 결과니까요.

고우사카 : 영양공급에 대해 자세하게 말씀해주세요.

역　　산 : 영양공급을 잘하여 자녀를 훌륭하게 키우는 비법은 먼

저 부모가 바르게 자각하고 행동해야 합니다. 그렇지 못하면 자녀를 바르게 키울 수 없지요.

고우사카 : 부모의 자세가 중요하군요.

역　　산 : 자녀를 훌륭하게 키우는 비법은 부모가 먼저 바른 마음을 갖고 부모님께 효도해야 합니다. '아효행친 자효행아(我孝行親 子孝行我)'라는 말이 있지요. 내가 부모님께 효도하면 자식도 나에게 효도한다는 뜻이지요.

고우사카 : 부모가 먼저 효도하는 것이 중요하군요.

역　　산 : 자녀를 훌륭하게 키우는 비법은 부모가 부부간에 금슬이 좋아야 합니다. 부모가 불화하면 자녀에게 나쁜 영향을 주므로 훌륭하게 키울 수 없지요. 그리고 부모가 형제간에 우애가 있어야 합니다. 그리고 자녀를 윤리도덕에 바른 교육을 해야 합니다.

고우사카 : 결국 부모가 행동으로 보여야 한다는 뜻이군요.

역　　산 : 물론이지요. 그리고 자녀를 훌륭하게 키우는 비법은 부모가 사회나 공익단체에서 봉사하고, 적선의 공덕을 많이 쌓아야 합니다. 자녀에게는 칭찬을 많이 하며 덕을 보여주는 것이 제일 중요합니다.

고우사카는 「자녀를 훌륭하게 만드는 비법」을 메모했다.

① 영적인 면에서 영양공급을 잘한다.

② 바르게 자각하고 바르게 행동한다.

③ 바른 마음을 갖고 부모님께 효도한다.

④ 부부간의 금슬이 좋으며 화합한다.

⑤ 형제간에 우애 있는 모습을 보여준다.

⑥ 윤리도덕에 바른 교육을 한다.

⑦ 부모가 사회나 공익단체에서 봉사한다.

⑧ 부모가 남모르게 적선의 공덕을 쌓는다.

⑨ 칭찬을 많이 하고 책망은 적게 한다.

⑩ 부모가 상봉하솔의 덕을 보여준다.

7. 학교에 가기 싫어하는 자녀를 고치는 비법

어느날 40대 중반의 여인이 근심이 가득한 얼굴로 찾아왔다.

■ **니시다의 아들 : 건명(乾命)**

년	월	일	시							
丙	辛	甲	甲	壬	癸	甲	乙	丙	丁	戊
寅	卯	戌	子	辰	巳	午	未	申	酉	戌

니시다 : 선생님 우리 아들이 학교에 가는 것을 싫어하는데 좋은
　　　　비법이 없을까요?

역　산 : 먼저 인과응보이니 문제의 원인은 부모에게 있습니다. 부

모가 먼저 회개하며 반성하고, 부모가 먼저 바르게 깨닫고 바르게 행동해야 하며, 부모가 먼저 인간관계에서 만든 원한을 풀어버려야 합니다.

니시다 : 역시 문제의 원인은 부모에게 있군요.

역　산 : 다음은 부모가 먼저 도리에 성실한 모습을 보여주어야 하고, 다음은 자녀에게 구찬일책(九讚一責)의 교육이니 즉 칭찬을 많이 하여 용기를 주어야 합니다. 그리고 영장문제도 있으니 선조공양에 정성을 드려야 합니다. 그래서 부모가 영적인 영양공급을 많이 해야 합니다.

니시다는 「학교에 가기 싫어하는 자녀를 고치는 비법」을 메모하였다.

① 인과응보이니 문제의 원인은 부모에게 있다.

② 부모가 먼저 회개하고 반성해야 한다.

③ 부모가 먼저 바르게 깨닫고 바르게 행동한다.

④ 인간관계에서 만든 원한을 풀어버린다.

⑤ 부모가 먼저 도리에 성실한 모습을 보인다.

⑥ 구찬일책의 교육으로 용기를 불어넣어 준다.

⑦ 선조를 위로하며 공양에 정성을 들인다.

⑧ 자녀를 위하여 영적인 영양공급을 많이 한다.

8. 시험에서 실력을 발휘하는 비법

니시다는 아들의 상담이 끝나자 딸의 운세를 물었다.

■ **니시다의 딸 : 곤명(坤命)**

년　월　일　시

乙　辛　癸　戊　　　壬癸甲乙丙丁戊

卯　巳　酉　午　　　午未申酉戌亥子

니시다 : 우리 딸이 다음달에 중요한 시험을 보는데, 시험에서 실
　　　　력을 발휘하는 비법이 있으면 가르쳐 주세요.

역　산 : 무엇보다 평소에 열심히 공부하여 실력을 준비하는 것이
　　　　상책이지요. 평소에 열심히 공부하지 않으면서 요행을 바
　　　　라는 것은 옳지 않아요.

니시다 : 평소에 열심히 공부하는 것이 제일이군요.

역　산 : 시험에서 실력을 발휘하는 비법은 평소에 담력을 키워 시
　　　　험에 임하면 실력을 발휘할 수 있지요. 그리고 사람의 능
　　　　력은 비슷하다는 것을 자각하고, 신명의 가호가 따르기를
　　　　간절히 축원하는 것도 좋습니다. 그리고 제일 좋은 비법
　　　　은 '나는 반드시 합격한다' 는 자기암시를 많이 하는 것입
　　　　니다. 그리고 항상 희망이 넘치며 용기백배한 모습을 유
　　　　지해야 합니다.

니시다는 「시험에서 실력을 발휘하는 비법」을 메모했다.

① 평소에 열심히 공부하여 실력을 쌓는다.

② 평소에 담력을 준비하고 기력을 양성한다.

③ 사람의 능력은 대동소이하다는 것을 자각한다.

④ 신명의 가호가 따르기를 간절히 기원한다.

⑤ '합격한다' 는 자기암시를 많이 한다.

⑥ 거울을 보며 자신을 칭찬하며 격려한다.

⑦ 항상 희망이 넘치며 용기백배한 모습을 유지한다.

9. 외모 콤플렉스에서 벗어나는 비결

니시다는 이번에는 자신의 운세를 물었다.

■ **니시다 : 곤명(坤命)**

년	월	일	시							
癸	丁	乙	庚	戊	己	庚	辛	壬	癸	甲
巳	巳	丑	辰	午	未	申	酉	戌	亥	子

니시다 : 선생님 저는 제 얼굴에 열등감을 갖고 있어요. 열등감에
　　　　서 벗어나는 방법이 없을까요?

역　산 : 먼저 절대적인 미인의 기준은 없습니다. 제가 보기에 당

신 정도이면 열등감을 갖는 것이 오히려 이상합니다.

니시다 : 감사합니다.

역 산 : 그러므로 얼굴의 열등감에서 해방되는 비법은 무엇보다 얼굴에 자신감을 갖는 것입니다. 그러기 위해서는 자기를 찬미하며 용기를 얻는 것이 중요합니다.

니시다 : 비너스를 최고의 미인이라고 하는데요.

역 산 : 비너스는 조각일 뿐 인간이 아닙니다. 조각이나 그림은 얼마든지 미인을 만들 수 있습니다. 문제는 자신의 마음 입니다. 어떤 마음가짐으로 보느냐에 따라 상당한 변화가 생기지요. 자신의 모습을 생긴대로 긍정적으로 보는 것이 중요합니다. 긍정적인 관점을 가지면 됩니다.

니시다 : 얼굴을 보는 관점이 중요하군요.

역 산 : 그리고 얼굴의 열등감에서 해방되는 비법은 내적인 덕망을 많이 쌓는 것이 중요하고, 생로병사의 진리를 무장하면 열등감에서 해방 될 수 있습니다. 또 천지부모님의 은혜를 자각한다면 열등감은 사라지게 되지요.

니시다는 「외모 콤플렉스에서 벗어나는 비법」을 메모했다.

① 절대적인 미인의 기준은 없다.

② 얼굴에 열등감을 갖지 말아야 한다.

③ 자기를 찬미하여 용기를 얻는다.

④ 비너스는 조각일 뿐 인간이 아니다.

⑤ 생긴대로 그 모습을 긍정적으로 보라.

⑥ 내적인 덕망을 많이 쌓는다.

⑦ 생로병사의 진리를 무장한다.

⑧ 천지부모님의 은혜를 자각한다.

10. 장애자가 당당하게 살아가는 비법

니시다가 돌아가자 60세가 넘어보이는 남자가 다리가 불편한듯 목발을 짚고 들어왔다.

■ **니시무라 : 건명(乾命)**

년	월	일	시
戊	庚	戊	庚
寅	申	寅	申

辛壬癸甲乙丙丁
酉戌亥子丑寅卯

니시무라 : 저는 오른쪽 다리를 쓰지 못하는 장애자입니다. 10년 전에 교통사고를 당했습니다. 저 같은 장애자가 용기를 잃지 않고 당당하게 살아가는 비법은 없을까요?

역　산 : 신체장애자가 당당하게 살아가는 비법은 먼저 신앙심이 필요한데, 즉 천지부모님을 알고 믿고 모시는 것이 제일 중요합니다.

니시무라 : 신심이 필요하군요. 평소생활은 어떻게 하면 좋은가요?

역　산 : 평소에 원망하는 마음을 버리고 감사해 하는 생활을 하는 것이 제일 좋습니다. 자신의 장해를 전생의 업장소멸이라고 생각하는 것이 좋습니다. 그리고 하늘의 은혜를 자각한다면 당당하게 살아갈 길이 열리지요.

니시무라 : 마음자세가 중요하군요.

역　산 : 그리고 신체장애자가 당당하게 살아가는 비법은 스스로 화근을 만들지 말고, 영적인 장해물을 제거하면 됩니다. 그리고 선조공양을 잘하는 것은 아주 중요합입니다.

니시무라는 「장애자가 당당하게 살아가는 비법」을 메모했다.

① 천지부모님을 알고 믿고 모신다.

② 원망하는 마음을 버리고 감사하는 생활을 한다.

③ 전생의 업장소멸이라고 생각한다.

④ 하늘의 자비하신 은혜를 자각한다.

⑤ 천재라 생각하고 감사하게 받아들인다.

⑥ 스스로 화근을 만들지 않는다.

⑦ 영적인 장해물을 제거한다.

⑧ 선조공양을 잘한다.

제5장. 원령의 장해를 막는 비법

1. 낙태한 아기의 영혼을 달래는 비법

어느날 40대 초반의 여인이 근심어린 표정으로 찾아왔다.

■ 유끼꼬 : 곤명(坤命)

년	월	일	시							
庚	甲	癸	庚	癸	壬	辛	庚	己	戊	丁
子	申	巳	申	未	午	巳	辰	卯	寅	丑

역　산 : 무슨 큰 죄라도 지었습니까?

유끼꼬 : 낙태수술을 했습니다. 아기의 영혼을 달래주고 싶습니다.

역　산 : 그럼, 우선 아기의 영혼을 달래는 제사를 지내주세요.

유끼꼬 : 아기에게 너무 미안합니다.

역　산 : 낙태수술은 살인죄임을 자각해야 합니다. 비록 세상에 태어나지는 못했지만 엄연한 생명입니다. 그러한 생명을 죽이는 낙태수술이니 얼마나 그 죄가 크겠습니까.

유끼꼬 : 제가 무엇을 해야 할까요?

역　산 : 먼저 아기의 영혼을 달래는 사경을 많이 하세요. 그리고 진심으로 용서를 빌며 반성하세요.

유끼꼬 : 사경하고 회개하겠습니다.

역　산 : 그리고 낙태당한 아기 영혼을 대신하여 수고하는 공덕을 쌓도록 하세요. 공익단체에 봉사하는 것이 좋고, 낙태반대운동을 하면서 생명의 고귀함을 깊이 자각해야 합니다. 이렇게 하면 아기의 영혼을 달랠 수 있을 겁니다. 그리고 생명을 구제하고 살리는 공덕을 많이 쌓으면 업장을 빨리 소멸할 수 있을 거예요.

유끼꼬는 「낙태한 아기의 영혼을 달래는 비법」을 메모했다.

① 낙태당한 아기의 영혼을 달래는 제사를 지낸다.

② 중절은 살인죄임을 자각한다.

③ 아기의 영혼을 달래는 사경을 많이 하며 용서를 빈다.

④ 아기의 영혼을 대신하여 수고한다.

⑤ 낙태반대운동을 한다.

⑥ 생명의 고귀함을 깊이 자각한다.

⑦ 생명을 구제하고 살리는 공덕을 쌓는다.

2. 타인의 원망을 이기는 비법

유끼꼬 : 저는 거래처 박씨에게 원망을 듣고 있습니다. 박씨가 납품한 제품이 좋지 않아 납품업자를 교체했더니 그때부터 저를 미워하며 제 사업이 망하도록 비방한다고 합니다. 부당한 축원문이나 원념을 이기는 방법이 없을까요?

역　산 : 먼저 당신이 바르게 깨닫고 행동하세요. 사불범정(邪不犯正)이란 말처럼 정도에는 마가 침범하지 못하지요.

유끼꼬 : 나 자신이 먼저 바른 사람이 되어야 한다는 말씀이군요.

역　산 : 타인의 부당한 축원문이나 원념을 이기는 비법은 먼저 당신이 사람들과 잘 화합하며 길연을 맺는 것이 중요합니다. 남들과 불화하거나 악연을 맺으면 원한을 얻기 쉽습니다. 그리고 자기를 나타내지 말고 말없이 공익단체에서 봉사해야 합니다. 한다. 그리고 진리를 머리로만 알지 말고 생활에 활용하여 참다운 생활을 해야 합니다. 즉 사람이 지켜야 할 기본적인 도리에 성실하면 아무도 당신을 미워하지 않습니다.

유끼꼬 : 자업자득이라고 생각합니다.

역　산 : 타인의 부당한 원념을 이기는 비법은 언제나 강한 염력을 갖는 것이 좋고, 그리고 악하거나 위험한 곳에 가지 않는 것이 좋으며, 혹시 자신에게 과실이 있으면 상대방을 만나 용서를 구하고 화해를 하는 것이 중요합니다.

유끼꼬는 「타인의 원념을 이기는 비법」을 메모했다.

① 바르게 깨닫고 바르게 행동한다.

② 정도에는 사도가 침범하지 못한다.

③ 사람들과 잘 화합하며 길연을 맺는다.

④ 자기를 나타내지 말고 말없이 봉사한다.

⑤ 진리를 머리로만 알지 말고 생활에 활용한다.

⑥ 사람이 지켜야 할 기본적인 도리에 성실해야 한다.

⑦ 언제나 강한 염력을 간직하고 다닌다.

⑧ 과실이 있으면 직접 만나 용서를 구한다.

유끼꼬 : 그럼 제 사주는 어떤가요?

역　산 : 월간(月干)의 갑목(甲木)이 용신(用神)인데 상관(傷官)이
　　　　길신(吉神)이라 재주가 많습니다. 창작이나 예능계통이
　　　　좋습니다.

유끼꼬 : 삼류가수예요. 주로 밤무대에서 활동해요. 돈복은 있나요?

역　산 : 돈복은 많습니다. 많이 벌지만 많이 나가기도 하지요.

유끼꼬 : 성격은 어떤가요?

역　산 : 성격은 주로 일간(日干)으로 보는데, 당신의 일간(日干)
　　　　은 계수(癸水)입니다. 그래서 차분하고 침착하며 얌전하
　　　　고 철두철미합니다. 지성도 있고 냉정하며, 근면과 노력으
　　　　로 환난을 잘 인내합니다. 그러나 기운이 강하여 격하기
　　　　쉽고 소견이 넓지 못합니다.

유끼꼬 : 전 어려서 부모님이 이혼하는 바람에 이모손에 자랐습니다. 부모운은 어떤가요?

역　산 : 부모운은 아주 흉합니다. 20%만 길하고 80%는 흉하여 부모님과는 원수와 만난 것처럼 악연입니다. 오월동주(吳越同舟)격이니 함께 생활하면 불효를 면하기 어렵습니다.

유끼꼬는 눈물을 흘렸다.

유끼꼬 : 역시 부모운이 없군요. 그럼 형제운은 있나요?

역　산 : 형제운은 50%가 길하여 처음에는 써우나 나중에는 화합합니다. 인내가 필요합니다. 참고 인내하면 화합은 기쁨은 길고 슬픔은 짧을 것입니다.

유끼꼬 : 자녀운은 어떤가요? 아들 딸 남매가 있어요.

역　산 : 자녀운은 아주 좋군요. 자녀운은 80%가 길하여 효도하니 희망이 있습니다. 부귀영화가 자녀로 인하여 들어옵니다.

자녀운이 좋다는 말에 유끼꼬씨는 얼굴이 밝아졌다.

유끼꼬 : 아들도 착하고 딸도 착해요. 조상운은 어떤가요?

역　산 : 아버지계와 인연이 많아요. 4·9대 선조님과 인연이 좋아 도와주고, 또 6대 선조의 살생업장이 있습니다.

유끼꼬 : 그런 업장이 있었군요. 그럼 누구와 인연이 좋은가요?

역　산 : 12·1·2월생은 좋고, 6·7·8월생은 흉합니다.

유끼꼬 : 부부운은 어떤가요? 제가 바람둥이 사주인가요?

역　산 : 남편이 불륜으로 이루어질 운이 많군요. 부부운은 50%는 길하고 50%는 흉하여 대립합니다. 궁합은 반길반흉인데 참으면서 고비를 넘겨야 합니다.

유끼꼬 : 전 젊었을 때 불장난을 좀 많이 했어요. 불륜으로 낙태도 많이 했어요. 지금은 후회합니다. 직업운은 어떤가요? 지금은 삼류가수인데….

역 산 : 사람이 살아가는데 무엇보다 직업은 중요합니다. 직업에 따라 행복과 불행이 좌우되지요. 직업은 천직을 선택해야 성공할 수 있습니다. 천직이란 타고난 선천적인 소질이나 재주를 말합니다. 당신은 예능계통이 길하니 가수도 좋습니다. 공부를 했다면 학자나 발명가 소질도 있습니다. 이 외에 연설가·교사·변호사·등도 좋습니다.

유끼꼬 : 그럼 가수를 계속하는 것이 좋겠군요. 언제쯤 좋은 운이 들어올까요?

역 산 : 천간(天干)으로는 갑을임계(甲乙壬癸)가 드는 해와 지지(地支)로는 인묘해자(寅卯亥子)년이 드는 해가 길합니다.

유끼꼬 : 어느 방위가 길한가요?

역 산 : 동방위와 북방위입니다.

유끼꼬 : 색상운은 어떤가요?

역 산 : 초록색과 검정색과 하늘색이 길합니다.

유끼꼬 : 길한 수리는요?

역 산 : 길한 수리는 3·8·1·6 입니다.

유끼꼬 : 길한 글자는 어떤 글자들입니까?

역 산 : 수(水)·북(北)·동(冬)·흑(黑)·야(池)·한(寒)·해

(海)·임(壬)·계(癸)·해(亥)·자(子)·춘(春)·청(靑)·인(仁)·
온(溫)·임(壬)·갑(甲)·을(乙)·인(寅)·묘(卯)입니다.

유끼꼬 : 건강운은 어떤가요?

역　산 : 사주에 금기(金氣)가 많아 호흡기·골격·대장에 질병이
　　　　따르고, 또 수목성(水木星)이 부족하여 간장·담·신경
　　　　계통·정신병·두면 등에 질병이 나타날 수 있습니다. 그
　　　　리고 신장과 심장도 불안합니다.

유끼꼬 : 쪽집게시군요. 어떤 물건들과 주로 인연이 좋은가요?

역　산 : 길한 물건은 나무·가구·나무책상·책·꽃·어항·수족
　　　　관·냉장고·목욕탕 등입니다.

유끼꼬는 감사하다며 상담료를 계산하고 돌아갔다.

3. 선조공양을 잘하여 복을 받는 비법

유끼꼬가 돌아가자 40대 중반의 여인이 들어왔다.

■ 오꾸소와 : 곤명(坤命)

　년　월　일　시

　丁　己　丙　壬　　庚辛壬癸甲乙丙

　酉　酉　申　辰　　戌亥子丑寅卯辰

오꾸소와 : 복을 받으며 잘 살려면 어떻게 해야 합니까?

오꾸소와 : 복을 받으며 잘 살려면 어떻게 해야 합니까?

역   산 : 복은 선조님들이 주시는 것이니 선조공양을 잘하면 복을 많이 받을 수 있지요.

오꾸소와 : 그럼 어떻게 하는 것이 선조공양을 잘하는 것입니까?

역   산 : 선조공양을 잘하는 비법은 먼저 몸과 마음을 수양하여 참 사람이 되는 것이 중요하지요. 그리고 바르게 깨닫고 바르게 행동하는 사람이 되어야 하고, 또 무슨 잘못이 생기면 남을 원망하지 말고 자기 탓으로 돌리는 마음자세가 필요하지요. 즉 남을 탓하지 말고 자신을 반성해야 합니다.

오꾸소와 : 마음을 수양해야 한다는 말씀이군요.

역   산 : 그리고 선조공양을 잘하는 비법은 만행의 근본인 부모님께 효도하며 부부간에 화합하고, 동근동혈(同根同血)인 형제간에 우애 있게 잘 지내고, 가정의 희망인 자녀를 바르게 잘 교육하는 것이지요.

오꾸소와 : 선조공양은 결국 가정을 잘 꾸려나가는 것이군요.

역   산 : 그리고 선조공양을 잘하는 비법은 사회나 공익단체에서 봉사를 많이 하는 것이 좋고, 다음은 애국하고 충성하는 사람이 되어야 하고, 성공 출세하여 사해에 이름을 알리는 것입니다.

오꾸소와 : 선조공양이 쉽지만은 않군요.

역   산 : 그리고 선조공양을 잘하는 비법은 훌륭한 가문을 만드

는 것입니다. 특히 자녀를 많이 낳아 혈통을 번창시키고, 정당한 직업을 갖고 성실해야 하며, 선조의 해원을 위해 정성을 많이 드리면 복을 많이 주실 것입니다.

오꾸소와는「선조공양법」을 메모했다.

① 몸과 마음을 수양한다.

② 바르게 깨닫고 바르게 행동한다.

③ 잘못은 자기 탓으로 돌리며 반성한다.

④ 만행의 근본인 부모님께 효도한다.

⑤ 만복의 근원인 부부간에 잘 화합한다.

⑥ 동근동혈인 형제간에 우애 있게 지낸다.

⑦ 가정의 희망인 자녀를 바르게 잘 교육한다.

4. 암에 걸리지 않는 비법

오꾸소와는 다시 언니의 운세를 질문했다.

■ **모찌쯔끼 : 곤명**

년	월	일	시							
甲	甲	壬	庚	癸	壬	辛	庚	己	戊	丁
午	戌	戌	戌	亥	戌	酉	申	未	午	巳

오꾸소와 : 언니 사주를 좀 봐주세요. 언니는 암에 걸려 투병중입니다. 요즘은 많은 사람들이 암에 걸려 고생하는 것을 봅니다. 불치의 병이라고 하는 암에 걸리지 않는 무슨 비법 같은 것이라도 있는지요?

역　산 : 암에 걸리지 않는 비법은 먼저 암의 원인을 알아야 합니다. 즉 암의 근본 원인은 영장(靈長)입니다. 그러므로 먼저 영장을 제거해야 합니다.

오꾸소와 : 영장을 제거하려면 어떻게 해야 하나요?

역　산 : 영장을 제거하려면 마음이 문제인데, 즉 마음이 즐거우면 병은 저절로 사라지지요. 따라서 마음을 즐겁게 하려면 무리하거나 과욕을 삼가해야 합니다.

오꾸소와 : 마음이 중요하군요.

역　산 : 또 암에 걸리지 않는 비법은 진리를 무장하는데 많이 투자하고, 항상 감사하는 마음을 가져야 합니다. 또 천지의 은혜를 자각하고 오직 한마음으로 믿고 모시는 일심봉천(一心奉天)의 마음도 필요하지요. 그렇다면 절대로 암에 걸리지 않고 무병장수할 수 있을 겁니다.

오꾸소와는 「암에 걸리지 않는 비법」을 메모했다.

① 암의 근본 원인은 영장(靈障)이라는 것을 자각한다.

② 마음이 즐거우면 병은 사라지니 항상 즐겁게 생활한다.

③ 무리하거나 과욕을 금지한다.

④ 진리무장에 많이 투자한다.

⑤ 항상 감사하는 마음으로 생활한다.

⑥ 천지의 큰 은혜를 자각하며 오직 한마음으로 모신다.

5. 원령의 재난을 막는 비법

오꾸소와는 또 다른 사람의 운세를 질문했다.

■ **미까미 : 곤명(坤命)**

년	월	일	시							
乙	甲	丙	甲	乙	丙	丁	戊	己	庚	辛
酉	申	辰	午	酉	戌	亥	子	丑	寅	卯

역　　산 : 이 사람은 누굽니까?

오꾸소와 : 친한 이웃 아주머니입니다. 그런데 영장의 재난을 많이 당하며 사는 것 같아요. 사람이 영장의 재난을 방지하는 좋은 비법은 없나요?

역　　산 : 영장의 재난을 막는 비법은 유유상종의 법칙에 따라 악한 영혼이 침범할 조건을 만들지 말아야 하지요. 바른 마음과 바른 언행을 하는 것이 무엇보다 중요하지요.

오꾸소와 : 마음자세가 바르면 악령들이 침범하지 못하는군요.

역　　산 : 영장으로부터 재난을 방지하는 비법은 사불범정(邪不犯
正)이란 말처럼 정도의 길을 가면 사악한 영들이 침범
하지 못하지요. 그러기 위해서는 일심봉천의 마음과 천
지신명께 경외심을 가질 필요가 있지요.

오꾸소와 : 역시 사불범정이군요.

역　　산 : 영장의 재난을 막는 비법은 적선생활이 필요한데, 수입
의 일부를 공익단체에 헌납하는 것입니다. 그리고 돌아
가신 선조를 대신하여 회개 반성하는 정성이 필요하고,
또 선조해원(先祖解怨)의 축원을 많이 올리는 것도 좋
으며 그리고 주인이 없는 무연고지의 묘소에도 참배하
는 것이 좋습니다. 적선공덕을 많이 쌓아야 합니다.

오꾸소와는 「원령의 재난을 막는 비법」을 메모했다.

① 정심정행의 생활을 한다.

② 일심봉천의 심정을 가진다.

③ 천지신명께 경외심을 가진다.

④ 수입의 일부를 공익단체에 헌납한다.

⑤ 선조를 대신하여 회개 반성한다.

⑥ 선조해원의 축원을 많이 한다.

⑦ 무연고지의 묘소에도 참배한다.

⑧ 적선공덕을 많이 쌓아야 합니다.

오꾸소와 : 제 사주는 어떤가요? 파란만장했는데….

역　　산 : 그렇군요. 초년운은 괜찮았는데 결혼운이 나빠 결혼한
　　　　　후부터 파란만장했군요. 결혼을 잘못했어요.

　오꾸소와는 눈물을 주루루 흘렸다.

오꾸소와 : 맞아요. 결혼한 후부터 인생이 꼬이기 시작했어요.

역　　산 : 당신의 일간(日干)은 병화(丙火)입니다. 평소에는 잠잠
　　　　　하나 성이 나면 무섭습니다.

오꾸소와 : 저도 성격이 문제입니다.

역　　산 : 굽힐 줄 모르는 진취적인 기상으로 활발하며 명랑하고
　　　　　쾌활하며 매사를 남보다 먼저 행합니다.

오꾸소와 : 저는 진보적이라 새로운 것을 좋아합니다.

역　　산 : 행동은 민첩하고 빠르지만 장구심이 약하여 끝이 흐립
　　　　　니다. 자기를 나타내고자 하는 욕망이 강하며 매사에
　　　　　자신감이 넘치지요.

오꾸소와 : 예 그래요. 매사에 생각을 깊이 하지 않고 행동하지요.
　　　　　감정이 수시로 변하며 성품이 불안정해요.

역　　산 : 또 정열적으로 표현하나 오래 가지 못합니다. 광대하며
　　　　　활동적이나 침착성이 부족한 것이 결점입니다.

오꾸소와 : 호호호 맞아요. 전 말이 많고 사교적이며 화려한 것을
　　　　　좋아해요. 욕심도 많고 목적 없는 지출도 많은 편이고
　　　　　요, 그러나 인정이 많아 약한 사람을 도와주는 것을 좋
　　　　　아해요. 저 같은 사람은 어떤 사람과 잘 맞을까요?

역　　산 : 신을정기(辛乙丁己)일생과 제일 좋습니다.

오꾸소와 : 그럼 부모운은 어떤가요?

역　　산 : 부모운은 좋은 편이군요. 80%가 길하여 부자유친하니
　　　　　주야로 행복합니다. 부모님과는 좋은 인연이군요.

오꾸소와 : 예 맞아요. 저도 어릴 때는 사랑받으며 귀하게 자랐는
　　　　　데 결혼하면서 엉망이 돼버렸어요.

　오꾸소와 씨는 손수건으로 눈물을 닦았다.

역　　산 : 사람은 누구나 기복이 있게 마련입니다.

오꾸소와 : 형제운은 어떤가요?

역　　산 : 형제운은 보통입니다. 형제운은 60%가 길하여 다정하고
　　　　　화순하나 길한 중에 소흥이 조금 따릅니다. 인내하면
　　　　　우애가 많은 형제가 됩니다.

오꾸소와 : 자녀운은 어떤가요?

역　　산 : 자녀운은 40%만 길하여 종종 싸우고, 자녀가 독수공방
　　　　　할 날이 많습니다. 외로운 기러기가 홀로 창공을 날아
　　　　　오르는 격이니 자녀 때문에 눈물을 흘릴 때가 많아요.

오꾸소와 : 남편복 없는 사람이 자식복도 없군요. 그럼 선조운은
　　　　　어떤가요?

역　　산 : 아버지계의 6·11대 선조 공덕이 많으나 3대 선조의
　　　　　살생업장이 있습니다. 그래서 칼이나 금속에 상처를 많
　　　　　이 당합니다.

오꾸소와 : 예 그랬어요. 그럼 길한 인연은 어떤 사람인가요?

역　　산 : 1·2·3월은 좋고, 7·8·9월생은 흉합니다.

오꾸소와 : 부부운은 어떤가요? 보고 싶지도 않지만….

역　　산 : 부부운은 아주 흉합니다. 원수가 만난 악연입니다. 부부
　　　　　 간에 7층 장벽이 있으니 마음이 통하지 않습니다.

오꾸소와 : 역시 그렇군요. 세 번 결혼했으나 모두 이혼하고 지금
　　　　　 은 혼자 살아요. 이제 남자는 만나고 싶지도 않아요. 직
　　　　　 업운은 어떤가요?

역　　산 : 의식주 계통이 좋고, 회사생활도 좋아요. 자영업을 한다
　　　　　 면 전자제품·보일러·건축·교사·아나운서·연예
　　　　　 인·사진관·양품점·화장품·광고업·화공약품·예식
　　　　　 장·학원·교육·언론기관·기자·안경점·전화상·이
　　　　　 발소·미용실 등이 길합니다.

오꾸소와 : 좋은 해는 언제인가요?

역　　산 : 천간(天干)은 갑을병정(甲乙丙丁), 지지(地支)는 사오인
　　　　　 묘(巳午寅卯)년이 들어오는 해입니다.

오꾸소와 : 좋은 색상은요?

역　　산 : 초록색과 적색과 분홍색입니다.

오꾸소와 : 길한 방위는요?

역　　산 : 남방위와 동방위이고, 길한 수리는 3·8·2·7이며 길
　　　　　 한 시간은 아침과 낮입니다.

오꾸소와 : 길한 지역은 어디인가요?

역　　산 : 길한 글자가 들어가는 지역으로 목(木)·동(東)·춘

(春)·청(靑)·인(仁)·온(溫)·임(壬)·갑(甲)·을(乙)·인(寅)·
묘(卯)·화(火)·남(南)·하(夏)·적(赤)·복(禮)·서(暑)·염
(炎)·병(丙)·정(丁)·사(巳)·오(午)이 들어가는 곳에 살면 좋습
니다.

오꾸소와 : 건강운은 어떤가요?

역   산 : 사주상 금기가 기신(忌神)에 해당하므로 호흡기·폐·
          대장·골격을 조심해야 하고, 간장·담·소화·심장·
          소장·혈액 등에도 질병이 나타날 수 있습니다.

오꾸소와 : 인연이 좋은 물건은 어떤 것인가요?

역   산 : 길한 물건은 나무·가구·목재·나무책상·조명·전
          기·가스렌지·촛불·난로 등입니다.

오꾸소와는 감사하다는 인사를 하고는 돌아갔다.

6. 가난에서 벗어나는 비법

어느날 오후 50대 중반의 남자가 빈천한 티를 흘리며 들어왔다.

■ **나까지마 : 건명(乾命)**

　년　월　일　시

　戊　癸　庚　丁　　甲乙丙丁戊己庚

　子　亥　子　亥　　子丑寅卯辰巳午

역   산 : 경금(庚金) 일주(日主)가 해(亥)월생에다 식상(食傷)이 중중하여 구멍뚫린 지갑을 갖고 있는 형상이군요. 1,000원을 벌면 2,000원이 나가니 가난에 시달리겠군요.

나까지마는 한숨을 푹푹 내쉬며 탄식했다.

나까지마 : 지긋지긋한 가난에서 벗어나고 싶어요.

역   산 : 가난에서 탈출하는 비법은 먼저 금전에 대한 강한 염력을 가져야 합니다. 돈도 사람의 마음에 따라 움직이니까요. 부자일수록 돈에 대한 염력이 강하고, 가난할수록 아주 약합니다.

나까지마 : 염력이 먼저 필요하군요.

역   산 : 그리고 가난에서 탈출하는 비법은 부자를 진심으로 존경해야 합니다. 그렇게 해야 그 부자의 운세가 나에게 오는 것입니다.

나까지마 : 그게 정말입니까? 저는 부자들을 경멸했습니다.

역   산 : 그러니 가난한 겁니다. 부자를 경멸하는데 돈이 들어오겠습니까? 이제부터라도 돈에 애착을 갖고 만물을 사랑하며, 남보다 3배 이상 노력하세요. 그리고 마지막으로 적선의 공덕을 쌓으면 반드시 부자가 될 겁니다.

나까지마는 「가난에서 벗어나는 비법」을 메모했다.

① 금전에 대한 강력한 염력을 갖는다.

② 부자를 진심으로 존경한다.

③ 금전에 대한 강한 애착심을 갖는다.

④ 만물을 사랑한다.

⑤ 부지런히 일하고 검소하게 생활한다.

⑥ 남들보다 3배 이상 노력한다.

⑦ 구두쇠가 부자가 된다는 교훈을 잊지 말라.

⑧ 적선의 공덕을 많이 쌓는다.

역   산 : 그리고 돈은 금고대신이 관리하십니다. 때문에 돈을 많
          이 벌고 싶으면 반드시 돈의 주인이신 금고대신께 축원
          을 많이 드려야 합니다.

■ 금고대신축원문(金庫大神祝願文)

재물충만 금고대신(財物充滿 金庫大神)

사업발전 금고대신(事業發展 金庫大神)

연속발복 금고대신(連續發福 金庫大神)

문전성시 금고대신(門前成市 金庫大神)

대형금고 금고대신(大型金庫 金庫大神)

수중천금 금고대신(手中千金 金庫大神)

부귀영화 금고대신(富貴榮華 金庫大神)

명진사해 금고대신(名振四海 金庫大神)

금고대신 항내조아(金庫大神 恒來助我)

재물충만 일심기원(財物充滿 一心祈願)

재물이 산같이 충만하도록 금고대신님이 도와주옵소서.

사업이 크게 발전하도록 금고대신님이 도와주옵소서.

연속적으로 계속 발복하도록 금고대신님이 도와주옵소서.

문전성시를 이루도록 금고대신님이 도와주옵소서.

대형금고를 갖고 살도록 금고대신님이 도와주옵소서.

수중에 천금을 갖고 살도록 금고대신님이 도와주옵소서.

부귀영화를 다 누리도록 금고대신님이 도와주옵소서.

출세 성공하여 명진사해하도록 금고대신님이 도와주옵소서.

금고대신님 오시어 항상 함께 하시고 도와주시어

재물이 충만하기를 일심으로 기원하나이다.

나까지마 : 성격운은 어떤가요?

역   산 : 경금(庚金) 일주(日主)이니 정의와 책임감이 강합니다.

나까지마 : 부모운은 어떤가요?

역   산 : 년간(年干)에 있는 무토(戊土)가 편인(偏印)인데 길신
에 해당하여 그래도 부모운이 60%는 길합니다. 비록 유
산은 별로 없어도 부모님과 인연은 좋은 편입니다.

나까지마 : 부부운은 어떤가요?

역   산 : 부부운은 일지(日支)로 보는데, 자수(子水)이고 기신(忌
神)에 해당하여 아내덕이 없어요. 30%만 길하니 아내
때문에 근심과 고통을 많이 당할 팔자입니다.

나까지마 : 자녀운은 어떤가요?

역　　산 : 자녀운은 초년과 중년은 흥하나 말년에는 효도할 거요.

나까지마 : 재물운은 어떤가요?

역　　산 : 재물운은 재성(財星)을 보는데, 사주에 재성(財星)이 한 점도 없으니 거지팔자입니다. 열심히 티글모아 태산의 교훈을 생각하면서 노력하세요.

나까지마 : 건강운은 어떤가요?

역　　산 : 사주에 수기(水氣)가 태왕하니 하체·요도기·신장 등과 화기(火氣)가 부족하니 심장과 혈액 도 조심하세요.

나까지마 : 좋은 때는 언제인가요?

역　　산 : 천간(天干)으로는 병(丙)·정(丁)년이고, 지지(地支)로는 진(辰)·사(巳)·오(午)·미(未)년입니다.

나까지마 : 흉한 시기는 언제인가요?

역　　산 : 천간(天干)으로는 임(壬)·계(癸)년이고, 지지(地支)로는 술(戌)·해(亥)·자(子)·축(丑)년입니다.

나까지마 : 길한 방위는 어디입니까?

역　　산 : 남방위·동방위·남동방위입니다.

나까지마 : 길한 색상은요?

역　　산 : 적색·녹색·황색·분홍색입니다.

나까지마 : 길한 수리는 무엇입니까?

역　　산 : 2와 7입니다.

7. 투병생활에서 이기는 비법

나까지마는 항상 병마와 싸우는 아내의 운을 봐달라고 하였다.

■ **나까지마의 아내 : 곤명(坤命)**

년	월	일	시							
庚	庚	壬	乙	己	戊	丁	丙	乙	甲	癸
寅	辰	午	巳	卯	寅	丑	子	亥	戌	酉

나까지마 : 아내는 병약하여 항상 아픕니다. 방법이 없을까요?

역　　산 : 투병생활에서 이기는 비법은 마음입니다. 즉 악한 마음
을 선한 마음으로 돌리면 운도 바뀌고 병도 이기지요.

나까지마 : 마음이 중요하군요. 저는 세상이나 부모님이 원망스럽
기만 해요. 왜 가난과 병약한 몸을 주셨는지….

역　　산 : 마음이 문제입니다. 원망하는 마음을 감사하는 마음으
로 바꿔야 하는데 그러지 못하니 병을 이길 수 없는
것입니다. 신앙이나 수양이 필요해요.

나까지마 : 머리로는 이해가 되는데 실천할 수 있을지요.

역　　산 : 실천은 본인의 문제입니다. 또 마음이 즐거우면 병이
없어집니다. 지난날을 반성하고, 천지의 은혜를 자각하
면 극복할 수 있지요. 그리고 생로병사와 인과응보의
진리를 알고 영생의 도를 얻으면 승리할 수 있지요.

나까지마는 「투병생활에서 이기는 비법」을 메모했다.

① 마음을 선하게 돌리면 운이 열린다.

② 원망하는 마음을 버리고 항상 감사하는 마음을 갖는다.

③ 일심으로 하늘을 믿고 모신다.

④ 마음이 즐거우면 병이 없어진다.

⑤ 전날의 과실을 회개하며 반성한다.

⑥ 천지 대자연의 큰 은혜를 자각한다.

⑦ 생로병사와 인과응보의 진리를 무장한다.

⑧ 속세를 해탈하고 영생의 도를 얻는다.

역산 : 그리고 병약한 사람은 심신건강축원문을 함께 열심히 독송
　　　 하면 생각 외로 큰 효과를 봅니다.

■ 심신건강축원문(心身健康祝願文)

간담신경 심신건강(肝膽神經 心身健康)

두뇌정신 심신건강(頭腦精神 心身健康)

심장소장 심신건강(心臟小腸 心身健康)

위장피부 심신건강(胃腸皮膚 心身健康)

호흡대장 심신건강(呼吸大腸 心身健康)

요도성기 심신건강(尿道性器 心身健康)

이목구비 심신건강(耳目口鼻 心身健康)

오장육부 심신건강(五臟六腑 心身健康)

심신건강 무한재산(心身健康 無限財産)

사지백체 심신건강(四肢百體 心身健康)

간장과 담과 신경이 건강하기를 기원하나이다.

두뇌와 정신이 건강하기를 기원하나이다.

심장과 소장이 건강하기를 기원하나이다.

위장과 피부가 건강하기를 기원하나이다.

호흡과 대장이 건강하기를 기원하나이다.

요도와 성기가 건강하기를 기원하나이다.

이목구비가 모두 건강하기를 기원하나이다.

오장육부가 모두 건강하기를 기원하나이다.

사지백체가 모두 건강하기를 기원하나이다.

심신이 건강함은 무한한 재산이나이다.

나까지마 : 아내의 성격운은 어떤가요? 너무 급하고 강해서요.

역   산 : 임수(壬水) 일주(日主)라 좀 강하군요. 큰 바다 같은 성
          격이라 지혜가 있고 관대함도 있어요.

나까지마 : 부모운은 어떤가요?

역   산 : 년간(年干)과 월간(月干)에 경금(庚金)이 투출해 초년
          에는 부모덕이 70% 정도 있어 호의호색하며 자랐군요.

나까지마 : 예 맞아요. 어릴 때는 사랑받으며 귀하게 자랐어요. 부
          부운은 어떤가요?

역 산 : 일지(日支)에 오화(午火)가 들고 기신(忌神)에 해당하니 40%만 길합니다. 그래서 대립을 많이 합니다.

나까지마 : 역시 그렇군요. 그럼 건강운은 어떤가요?

역 산 : 사주상 화기(火氣)는 많고 수기(水氣)가 부족하여 피부·혈액·호흡기·하체 등에 질병이 많이 따릅니다.

나까지마 : 그럼 아내에게는 언제가 좋은 시기인가요?

역 산 : 천간(天干)으로는 경(庚)·신(辛)·임(壬)·계(癸)년이고, 지지(地支)로는 신(申)·유(酉)·해(亥)·자(子)년입니다.

나까지마는 감정료를 계산하고 돌아갔다.

제6장. 정도인생(正道人生)

1. 가치있는 인생을 사는 비법

어느날 저녁 70대 후반의 노인이 찾아왔다. 백발이 성성한 것이 마치 석양처럼 인생의 마무리 단계 이른 것이 역력했다.

■ 스즈끼 : 건명(乾命)

년	월	일	시						
丙	丁	庚	己	戊	己	庚	辛	壬	癸	甲
寅	酉	申	卯	戊	亥	子	丑	寅	卯	辰

스즈끼 : 어떻게 살아야 가치있는 인생이라고 할 수 있나요?

역　산 : 가치있는 인생을 사는 비법은 먼저 인생은 고귀하고 중요하다는 것을 자각해야 합니다. 그렇지 못하면 가치있는 인생을 살 수 없어요.

스즈끼 : 인생은 고귀하다는 것을 생각해야 하는군요.

역　산 : 가치있는 인생을 사는 비법은 매사에 신중하게 처세합니다. 잠시라도 방심하면 실패한 인생이 될 수 있지요. 그러기 위해서는 자기 속에 끝없이 일어나는 사욕을 규제해야 합니다. 사욕을 규제하지 못하면 실패한 인생이 되지요.

스즈끼 : 사욕을 규제하는 것이 중요하군요.

역　산 : 그리고 가치있는 인생을 사는 비법은 어떤 어려움도 인내와 지혜로 극복해야 합니다. 절대로 낙담하면 안됩니다. 왜냐하면 인생은 길흉화복의 반복이기 때문이지요. 누구라도 평생 길복만 누릴 수 없고, 흉화만 당하지는 않지요.

스즈끼 : 인생은 새옹지마란 말이군요.

역　산 : 그리고 가치있는 인생을 사는 비법은 가훈을 많이 독송하여 염력을 강화시키는 것도 필요하고, 자기최면술을 응용하여 염력을 강화시키는 것도 필요하지요. 염력이 약하거나 없는 인생은 실패하기 때문이지요. 그리고 시간을 낭비하며 허송세월하지 말아야 합니다. 인생은 길지 않으니 촌분도 아껴 수양에 힘써야 합니다. 그리고 가장 가치있는 인생을 사는 비법이라면 최상의 진리인 영생불멸과 인과응보의 진리를 무장하는 것입니다. 지상과 영계의 내용을 알고, 인과응보의 법칙을 자각하는 것이 중요하지요.

스즈끼는 「가치있는 인생을 사는 비법」을 메모했다.

① 인생은 고귀하고 중요함을 자각한다.

② 매사에 신중하게 조심하며 처세한다.

③ 자기 속에 일어나는 사욕을 규제한다.

④ 고난을 극복하고 낙담하지 않는다.

⑤ 인생은 길흉화복의 반복임을 자각한다.

⑥ 가훈을 많이 독송하여 염력을 강화한다.

⑦ 자기최면술을 응용하여 염력을 강화한다.

⑧ 영생불멸과 인과응보의 진리를 무장한다.

2 노후에 잘 살아가는 비법

스즈끼는 다시 질문했다.

스즈끼 : 노후대책은 어떻게 세워야 합니까?

역　산 : 노후에 행복하게 살려면 건강을 잘 지켜야 하는데, 즉 사람은 오래 사는 것이 복이 아니라 건강하게 사는 것이 복입니다. 건강하게 살아야 자신이 행복하니까요.

스즈끼 : 건강이 제일 중요하군요.

역　산 : 그리고 노후에 행복하게 살려면 죽을 때까지 돈을 놓지 말고 꼭 잡고 있어야 합니다. 돈을 자녀들에게 미리 다 상속하면 천대받을 수 있지요.

스즈끼 : 재산상속은 죽은 후에 하는 것이 좋군요,

역 산 : 그리고 노후에 행복하게 살려면 친구를 만나면 술 한 잔
        이라도 사줄 수 있어야 합니다. 돈이 없어 매일 얻어먹기
        만 하면 모두 싫어하고 결국은 외롭게 되지요.

스즈끼 : 역시 돈이 중요하군요.

역 산 : 그리고 손자에게 용돈 정도는 줄 수 있어야 할아버지의
        권위가 섭니다. 그렇지 못하면 손자에게 인기가 없습니다.

스즈끼 : 자식에게 의지하면 어떤가요?

역 산 : 노후에 행복하게 살려면 자력으로 생활하는 것이 필요합
        니다. 자식에게 의지하면 마음 상하는 일이 많습니다.

스즈끼 : 늙어서도 자력으로 생활해야 편하군요.

역 산 : 노후에 행복하게 살려면 역시 돈이 필요합니다. 만일 돈
        도 없는데 병들면 자식들도 외면합니다. 경제력 없는 노
        인은 아무도 돌아보지 않는다는 것을 명심하세요. 그러니
        기력이 튼튼할 때 노후대책을 든든하게 해두세요.

스즈끼 : 정말 노후대책이 중요하군요.

스즈끼는 다시 「노후에 잘 살아가는 비법을 메모했다.
① 오래 사는 것이 복이 아니라 건강하게 사는 것이 복이다.
② 죽을 때까지 돈을 놓지 말고 꼭 잡고 있어야 한다.
③ 친구를 만나면 술 한 잔 정도는 사줄 수 있어야 한다.
④ 손자에게 용돈 정도는 줄 수 있어야 권위가 선다.

⑤ 자식에게 의지하여 살면 마음이 상할 일이 많다.

⑥ 경제력이 없는데 병들면 자식들도 외면한다.

⑦ 경제력 없는 노인은 아무도 돌아보지 않는다.

⑧ 기력이 있을 때 노후대책을 든든하게 해두어라.

3. 후회없는 인생을 사는 비법

스즈끼는 다시 질문했다.

스즈끼 : 선생님 말씀을 듣고보니 젊은시절에 노후대책을 든든하
게 하는 것이 가장 중요하군요,

역　산 : 중요하고말고요. 젊은시절에 술이나 도박이나 여자만을
탐하면 늙어서 반드시 후회합니다.

스즈끼 : 전 술도 좋아하고 도박도 좋아하고 여자도 좋아하는데,
이제부터라도 정신을 차려야겠습니다.

역　산 : 정신을 바짝 차리세요. 그리고 늙어 갈수록 친구도 만나
고 바둑도 배우고 컴퓨터도 하세요.

스즈끼 : 지금 이 나이에 컴퓨터는 좀 무리인 것 같고 친구를 만나
는 것은 자신 있습니다.

역　산 : 그리고 사람이 늙으면 몸에서 냄새가 나기 마련이니 속옷
을 매일매일 갈아입고 샤워도 자주 하세요.

스즈끼 : 건강관리는 어떻게 하는 것이 좋은가요?

역　산 : 여러 가지가 있지만 음식은 적게 먹고 산책이나 가벼운 운동을 많이 하세요. 소식다행(少食多行)이면 건강할 수 있습니다.

스즈끼 : 노인들은 실수를 많이 하는데 어떻게 해야 좋을까요?

역　산 : 자신은 말을 적게 하면서 남의 말을 많이 들으세요. 다청소언(多聽少言)인데 말이 많으면 실수도 많은 법이지요.

스즈끼 : 다른 것은 없나요?

역　산 : 마지막으로 중요한 것은 신앙생활을 하며 영생불멸과 인과응보의 진리를 무장해야 합니다. 또 죽음이란 육신과 영혼의 이별이고, 육신은 흙으로 돌아고 영혼은 영계로 간다는 것을 믿으며, 지금 죽어도 후회하지 않도록 즐겁게 생활하세요.

스즈끼는 또 「후회없는 인생을 사는 비법」을 메모했다.

① 술과 도박 좋아하고 여색을 탐하면 크게 후회한다.

② 늙어 갈수록 친구도 만나고 바둑도 배우고 컴퓨터도 하라.

③ 늙어 갈수록 속옷은 매일 갈아입고 샤워도 자주 하라.

④ 음식은 적게 먹고 산책이나 가벼운 운동을 많이 하라.

⑤ 남의 말을 많이 듣고 자신은 적게 말하는 것이 실수가 적다.

⑥ 영생불멸과 인과응보의 진리를 무장한다.

⑦ 영혼은 영계에 들어가 산다는 것을 믿는다.

⑧ 죽어도 후회하지 않도록 즐겁게 생활한다.

4. 영생준비를 잘하는 비법

스즈끼는 다시 영생준비에 대해 물었다.

스즈끼 : 선생님께서는 영생준비를 잘해야 한다고 하셨는데 자세하게 말씀해주세요.

역 산 : 그렇습니다. 인간이 존재하는 목적은 영생준비를 잘하는데 있습니다. 그러므로 무엇보다 절대적인 신앙을 가져야하며, 진리로 단단하게 무장해야 합니다.

스즈끼 : 신앙이 필요하군요.

역 산 : 오로지 한마음으로 천지부모님을 모시는 일심봉천(一心奉天)의 신앙과 부모의 심정과 같은 마음이 필요합니다.

스즈끼 : 천지부모님을 알고 마음 속에 모셔야 하는군요.

역 산 : 영생준비를 위해서는 참사랑을 중심으로 천지대은을 자각해야 합니다. 또 천지부모님과 함께 생활을 할 수 있음을 감사하며 만족해야 합니다.

스즈끼 : 천지대은을 자각한다는 것이 어렵습니다.

역 산 : 그리고 인간관계에서 길연을 잘 맺고, 구제하며 봉사하는 공덕을 많이 쌓아야 합니다.

스즈끼 : 인간관계를 잘해야 한다는 말씀이군요.

역 산 : 그리고 부부간에 화합하고 자녀교육을 잘하여 행복한 가정을 만들어야 합니다.

스즈끼 : 가정생활이 중요하군요.

역　산 : 그리고 인의예지를 갖추고, 전도와 포덕을 해야 하며, 적
　　　　선공덕을 많이 쌓고, 만물을 사랑해야 합니다. 또 모범적
　　　　으로 생활하고, 근면하고 검소해야 합니다.

스즈끼 : 영생준비가 쉬운 것이 아니군요.

역　산 : 물론이지. 천국에 들어가는 준비인데 얼마나 어렵겠소. 그
　　　　리고 원한은 모두 풀고, 진실로 영생불멸을 믿으며 인과
　　　　응보를 깨달아야 합니다.

스즈끼는 「영생준비를 잘하는 비법」을 메모했다.

절대신앙 진리무장(絶對信仰 眞理武裝)

일심봉천 부모심정(一心奉天 父母心情)

천은자각 감사만족(天恩自覺 感謝滿足)

인화길연 구제봉사(人和吉緣 救濟奉仕)

부부화합 자녀교육(夫婦和合 子女敎育)

인의예지 전도포덕(仁義禮智 傳道布德)

적선공덕 만물애호(積善功德 萬物愛護)

모범생활 근검절약(模範生活 勤儉節約)

원한해소 영생사모(怨恨解消 永生思慕)

스즈끼 : 제 운을 한 번 봐주세요.

역　산 : 당신의 일간(日干)은 경금(庚金)입니다. 그래서 자신감이
　　　　강하여 잘난 척하고 기량이 좋아 재주를 자만하나 의리가

있고 경우가 바릅니다.

스즈끼 : 예 그렇습니다. 성격이 급하나 매사 전진적이며 적극적이
　　　　고 활발하지요.

역　산 : 적응력이 좋고 변화에 잘 대처합니다. 그러나 매사 성숙
　　　　하기 전에 성과를 평가하려는 경향이 있습니다. 그러나
　　　　선량하고 악한 마음은 없습니다.

스즈끼 : 예 그래요.

역　산 : 비밀이 없고 의리가 강하며 용감하나 때로는 잔인하기도
　　　　합니다.

스즈끼 : 예 그런 경향이 있습니다.

역　산 : 직업과 거주지 변동도 심합니다. 군인이나 경찰계에 들어
　　　　갔어도 능숙하게 활동할 사주입니다.

스즈끼 : 태평양전쟁 때 장교로 참가했습니다. 전 어떤 사람과 성
　　　　격이 잘 맞나요?

역　산 : 을기신계(乙己辛癸)일생과 가장 좋습니다.

스즈끼 : 부모운은 어떤가요?

역　산 : 초년운은 아주 좋군요. 부모운이 70%가 길하니 어릴 때는
　　　　사랑받으며 호의호식했습니다.

스즈끼 : 부모님이 사업을 하셨기 때문에 아주 부유하게 자랐습니
　　　　다. 그럼 형제운은 어떤가요?

역　산 : 형제운은 불리하군요. 30%만 길하고 70%가 흉하니 형제
　　　　간에 높은 장벽이 있습니다. 종종 형제간에 재산문제로

싸우며 대립이 심합니다.

스즈끼 : 예 딱 맞아요. 4형제인데 원수와 같습니다. 부모님 유산이
　　　　좀 많았는데 형제끼리 소송하고 난리가 났습니다. 부끄럽
　　　　습니다. 자녀운은 어떤가요?

역　산 : 자녀운은 50%는 길하고 50%는 흉하여 처음에는 싸우나
　　　　나중에는 화합하니 참으면서 기다리세요.

스즈끼 : 역시 그렇군요. 어릴 때는 부모 속을 어지간히도 썩였는
　　　　데 요즘은 괜찮습니다. 선조운은 어떤가요?

역　산 : 아버지계의 3대와 8대 선조와 인연이 있습니다. 지금까지
　　　　성공한 것은 그 선조님의 도움 때문이었습니다. 그러나
　　　　어머니계의 5・10・15대의 선조가 살생을 저지른 업장이
　　　　있어 자동차사고를 당한 것입니다. 그리고 호흡기와 골격
　　　　에 질병이 나타나고, 또 간장과 담과 신경에 질병이 따르
　　　　는 것입니다.

스즈끼 : 그런 인연이 있었군요. 그럼 사람과의 인연은 어떤가요?

역　산 : 1・2・3월생은 좋고, 7・8・9월생은 흉합니다.

스즈끼 : 부부운은 어떤가요? 많이 싸우며 사는데…

역　산 : 부부운은 많이 나쁘군요. 30%만 길하고 70%는 흉하여 상
　　　　극이니 충돌이 많습니다. 악연입니다.

스즈끼 : 역시 우리 부부는 악연이군요. 이제 다 살았지만 참 많이
　　　　싸우며 살았습니다. 다시는 만나고 싶지 않습니다. 직업운
　　　　은 어떤가요? 부모님이 물려준 목재소로 성공했는데…

역　산 : 길신(吉神)은 목성(木星)이니 나무와 관계있는 직업은 좋습니다. 다른 것은 무역이나 금융, 유통업도 좋습니다.

스즈끼 : 길한 시기는 언제인가요?

역　산 : 길한 해는 천간(天干)에서는 갑을(甲乙)년이 드는 해이고, 지지(地支)에서는 인묘진(寅卯辰)년이 드는 해입니다.

스즈끼 : 방위운은 어떤가요?

역　산 : 동방위가 제일 좋고, 다음은 남방위입니다.

스즈끼 : 색상운은 어떤가요?

역　산 : 초록색이 가장 좋고, 다음은 적색·분홍색·밝은색 순으로 좋습니다.

스즈끼 : 수리운은 어떤가요?

역　산 : 3·8이 가장 좋고, 다음은 2·7입니다. 그리고 좋은 시간은 아침과 정오입니다.

스즈끼 : 저는 어떤 마을에 살아야 좋은가요?

역　산 : 인연이 있는 마을은 목(木)·동(東)·춘(春)·청(靑)·인(仁)·온(溫)·임(壬)·갑(甲)·을(乙)·인(寅)·묘(卯)·화(火)·남(南)·하(夏)·적(赤)·복(禮)·서(暑)·염(炎)·병(丙)·정(丁)·사(巳)·오(午)등의 글자가 들어가는 곳입니다.

스즈끼 : 건강운은 어떤가요? 여든이 가까워지니 오장육부 사지백체 아프지 않은 곳이 없습니다.

역　산 : 금기(金氣)가 태왕하니 호흡기·골격·대장 등이 병약하고, 목기(木氣)가 허약하니 간장·담·신경계통·정신병·두면 등에 질병이 나타날 수 있습니다. 그리고 지금은 연세가 높기 때문에 멀쩡한 곳은 한 곳도 없을 겁니다. 영생준비를 잘하시는 것이 제일 현명한 방법입니다.

스즈끼 : 그렇군요. 정말 감사합니다. 이제 제가 살아야 몇 년을 더 살겠습니까. 선생님께서 알려주신대로 영생준비를 잘 해야겠습니다.

음파메세지(氣) 성명학

신비한 동양철학 51

새로운 시대에 맞는 새로운 성명학

지금까지의 모든 성명학은 모순의 극치를 이루고 있다.
이제 새로운 시대에 맞는 음파메세지(氣) 성명학이 탄
생했으니 차근차근 읽어보고 복을 계속 부르는 이름을
지어 사랑하는 자녀가 행복하고 아름다운 삶을 살아갈
수 있도록 하는데 도움이 되었으면 한다.

・청암 박재현 저

정법사주

신비한 동양철학 49

독학과 강의용 겸용의 책

이 책은 사주추명학을 연구하고자 하는 분들에게 심오
한 주역의 이해를 돕고자 하는 의도에서 시작되었다.
음양오행의 상생상극에서부터 육친법과 신살법을 기초
로 하여 격국과 용신 그리고 유년판단법을 활용하여
운명판단에 첩경이 될 수 있도록 했고, 추리응용과 운
명감정의 실례를 하나 하나 들어가면서 독학과 강의용
겸용으로 엮었다.

・원각 김구현 저

찾기 쉬운 명당

신비한 동양철학 44

풍수지리의 모든 것 !

이 책은 가능하면 쉽게 풀려고 노력했고, 실전에 도움이 되도록 했다. 특히 풍수지리에서 방향측정에 필수인 패철(佩鐵)사용과 나경(羅經) 9층을 각 층별로 간추려 설명했다. 그리고 이 책에 수록된 도설, 즉 오성도, 명산도, 명당 형세도 내거수 명당도, 지각(枝脚)형세도, 용의 과협출맥도, 사대혈형(穴形) 와겸유돌(窩鉗乳突) 형세도 등은 국립중앙도서관에 소장된 문헌자료인 만산도단, 만산영도, 이석당 은민산도의 원본을 참조했다.

· 호산 윤재우 저

명리입문

신비한 동양철학 41

명리학의 필독서 !

이 책은 자연의 기후변화에 의한 운명법 외에 명리학도들이 궁금해 했던 인생의 제반사들에 대해서도 상세하게 기술했다. 따라서 초보자부터 심도있게 공부한 사람들까지 세심히 읽고 숙독해야 하는 책이다. 특히 격국이나 용신뿐 아니라 십신에 대한 자세한 설명, 조후용신에 대한 보충설명, 인간의 제반사에 대해서는 독보적인 해설이 들어 있다. 초보자들에게는 더할 수 없이 훌륭한 길잡이가 될 것이다.

· 동하 정지호 편역

사주대성

신비한 동양철학 33

초보에서 완성까지

이 책은 과거 현재 미래를 모두 알 수 있는 비결을 실었다. 그러나 모두 터득한다는 것은 어려울 것이다. 역학은 수천 년간 동방의 석학들에 의해 갈고 닦은 철학이요 학문이며, 정신문화로서 영과학적인 상수문화로서 자랑할만한 위대한 학문이다.

·도관 박흥식 저

해몽정본

신비한 동양철학 36

꿈의 모든 것!

막상 꿈해몽을 하려고 하면 내가 꾼 꿈을 어디다 대입시켜야 할지 모를 경우가 많았을 것이다. 그러나 이 책은 찾기 쉽고, 명료하며, 최대한으로 많은 갖가지 예를 들었으니 꿈해몽을 하는데 어려움이 없을 것이다.

·청암 박재현 저

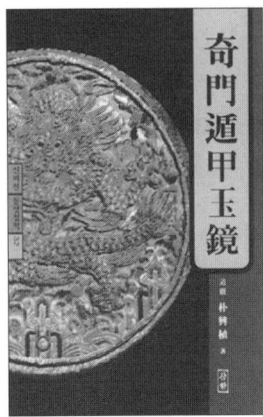

기문둔갑옥경

신비한 동양철학 32

가장 권위있고 우수한 학문 !

우리나라의 기문역사는 장구하지만 상세한 문헌은 전무한 상태라 이 책을 발간하기로 했다. 기문둔갑은 천문지리는 물론 인사명리 등 제반사에 관한 길흉을 판단함에 있어서 가장 우수한 학문이며 병법과 법술방면으로도 특징과 장점이 있다. 초학자는 포국편을 열심히 익혀 설국을 자유자재로 할 수 있도록 하고 개인의 이익보다는 보국안민에 일조하기 바란다.

· 도관 박흥식 저

정본·관상과 손금

신비한 동양철학 42

바로 알고 사람을 사귑시다

이 책은 관상과 손금은 인생을 행복으로 이끌기 위해 있다는 관점에서 다루었다. 그야말로 관상과 손금의 혁명이라고 할 수 있을 것이다. 여러분도 관상과 손금을 통한 예지력으로 인생의 참주인이 되기 바란다. 용기를 불어넣어 주고 행복을 찾게 하는 것이 참다운 관상과 손금술이다. 이 책으로 미래의 좋은 예지력을 한번쯤 발휘해 보기 바란다. 이 책이 일상사에 고민하는 분들에게 해결방법을 제시해 줄 것이다.

· 지창룡 감수

조화원약 평주

신비한 동양철학 35

명리학의 정통교본!

이 책은 자평진전, 난강망, 명리정종, 적천수 등과 함께 명리학의 교본에 해당하는 것으로 중국 청나라 때 나온 난강망이라는 책을 서낙오 선생께서 설명을 붙인 것이다. 기존의 많은 책들이 격국과 용신으로 감정하는 것과는 달리 십간십이지와 음양오행을 각각 자연의 이치와 춘하추동의 사계절의 흐름에 대입하여 인간의 길흉화복을 알 수 있게 했다.

· 동하 정지호 편역

龍의 穴·풍수지리 실기 100선

신비한 동양철학 30

실전에서 실감나게 적용하는 풍수지리의 길잡이!

이 책은 풍수지리 문헌인 조선조 고무엽(古務葉) 태구승(泰九升) 부집필(父輯筆)로 된 만두산법(巒頭山法), 채성우의 명산론(明山論), 금랑경(錦囊經) 등을 알기 쉬운 주제로 간추려 풍수지리의 길잡이가 되고자 했다. 그리고 인간의 뿌리와 한 사람의 고유한 이름의 중요성을 풍수지리와 연관하여 살펴보아야 하기 때문에 씨족의 시조와 본관, 작명론(作名論)을 같이 편집했다.

· 호산 윤재우 저

천직·사주팔자로 찾은 나의 직업

신비한 동양철학 34

역경없이 탄탄하게 성공할 수 있는 방법!

잘 되겠지 하는 막연한 생각으로 의욕만 갖고 도전하는 것과 나에게 맞는 직종은 무엇이고 때는 언제인가를 알고 도전하는 것은 근본적으로 다르고, 결과 또한 다르다. 더구나 요즈음은 I.M.F.시대라 하여 모든 사람들이 정신까지 위축되어 생기를 잃어가고 있다. 이런 때 의욕만으로 팔자에도 없는 사업을 시작했다고 하자, 결과는 불을 보듯 뻔하다. 그러므로 이런 때일수록 침착과 냉정을 찾아 내 그릇부터 알고, 생활에 대처하는 지혜로움을 발휘해야 한다.

· 백우 김봉준 저

통변술해법

신비한 동양철학 ㉑

가닥가닥 풀어내는 역학의 비법!

이 책은 역학에 대해 다 알면서도 밖으로 표출되지 않아 어려움을 겪는 사람들을 위한 실습서다. 특히 틀에 박힌 교과서적인 역술의 고정관념에서 벗어나, 한차원 높게 공부할 수 있도록 원리통달을 설명하는데 중점을 두었다. 실명감정과 이론강의라는 두 단락으로 나누어 역학의 진리를 설명했기 때문에 누구나 쉽게 이해할 수 있다. 역학계의 대가 김봉준 선생의 역서 「알기쉬운 해설·말하는 역학」의 후편이다.

· 백우 김봉준 저

주역육효 해설방법 上·下

신비한 동양철학 38

한 번만 읽으면 주역을 활용할 수 있는 책!

이 책은 주역을 해설한 것으로, 될 수 있는 한 여러 가지 사설을 덧붙이지 않고 주역을 공부하고 활용하는데 필요한 요건만을 기록했다. 따라서 주역의 근원이나 하도낙서, 음양오행에 대해서도 많은 설명을 자제했다. 다만 누구나 이 책을 한 번 읽어서 주역을 이해하고 활용할 수 있도록 하는데 중점을 두었다.

· 원공선사 저

사주명리학의 핵심

신비한 동양철학 ⑲

맥을 잡아야 모든 것이 보인다!

이 책은 잡다한 설명을 배제하고 명리학자들에게 도움이 될 비법만을 모아 엮었기 때문에 초심자가 이해하기에는 다소 어려운 부분도 있겠지만 기초를 튼튼히 한 다음 정독한다면 충분히 이해할 것이다. 신살만 늘어놓으며 감정하는 사이비가 되지말기를 바란다.

· 도관 박홍식 저

동양철학전문출판 삼한

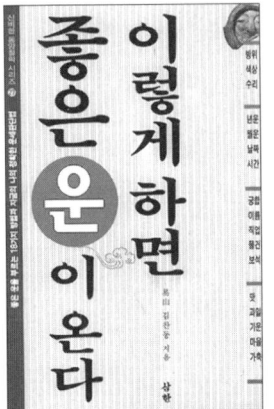

이렇게 하면 좋은 운이 온다

신비한 동양철학 ㉗

한 가정에 한 권씩 놓아두고 볼만한 책 !

좋은 운을 부르는 방법은 방위 · 색상 · 수리 · 년운 · 월운 · 날짜 · 시간 · 궁합 · 이름 · 직업 · 물건 · 보석 · 맛 · 과일 · 기운 · 마을 · 가축 · 성격 등을 정확하게 파악하여 자신에게 길한 것은 취하고 흉한 것은 피하면 된다. 간혹 예외인 경우가 있지만 극소수에 불과하고 대부분은 적중하기 때문에 좋은 효과를 본다. 이 책의 저자는 신학대학을 졸업하고 역학계에 입문했다는 특별한 이력을 갖고 있기 때문에 더 많은 화제가 되고 있다.

· 역산 김찬동 저

말하는 역학

신비한 동양철학 ⑪

신수를 묻는 사람 앞에서 말문이 술술 열린다!

이 책은 그토록 어렵다는 사주통변술을 이해하기 쉽고 흥미롭게 고담과 덕담을 곁들여 사실적인 인물을 궁금해 하는 사람에게 생동감있게 통변하고 있다. 길흉작용을 어떻게 표현하느냐에 따라 상담자의 정곡을 찔러 핵심을 끄집어내고 여기에 대한 정답을 내려주는 것이 통변술이다. 역학계의 대가 김봉준 선생의 역작이다.

· 백우 김봉준 저

술술 읽다보면 통달하는 사주학

신비한 동양철학 ㉗

술술 읽다보면 나도 어느새 도사 !

당신은 당신 마음대로 모든 일이 이루어지던가. 지금까지 누구의 명령을 받지 않고 내 맘대로 살아왔다고, 운명 따위는 믿지도 않고 매달리지 않는다고, 이렇게 말하는 사람들이 많다. 그러나 그것은 우주법칙을 모르기 때문에 하는 소리다.

· 조철현 저

참역학은 이렇게 쉬운 것이다

신비한 동양철학 ㉔

음양오행의 이론으로 이루어진 참역학서 !

수학공식이 아무리 어렵다고 해도 1, 2, 3, 4, 5, 6, 7, 8, 9, 0의 10개의 숫자로 이루어졌듯이, 사주도 음양과 목, 화, 토, 금, 수의 오행으로 이루어졌을 뿐이다. 그러니 용신과 격국이라는 무거운 짐을 벗어버리고 음양오행의 법칙과 진리만 정확하게 파악하면 된다. 사주는 단지 음양오행의 변화일 뿐이고, 용신과 격국은 사주를 감정하는 한가지 방법에 지나지 않는다.

· 청암 박재현 저

동양철학전문출판 삼한

나의 천운 운세찾기

신비한 동양철학 ⑫

놀랍다는 몽골정통 토정비결 !

이 책은 역학계의 대가 김봉준 선생이 놀랍다는 몽공토정비결을 연구·분석하여 우리의 인습 및 체질에 맞게 엮은 것이다. 운의 흐름을 알리고자 호운과 쇠운을 강조했으며, 현재의 나를 조명해보고 판단할 수 있도록 했다. 모쪼록 생활서나 안내서로 활용하기 바란다.

·백우 김봉준 저

쉽게푼 역학

신비한 동양철학 ❷

쉽게 배워서 적용할 수 있는 생활역학서 !

이 책에서는 좀더 많은 사람들이 역학의 근본인 우주의 오묘한 진리와 법칙을 깨달아 보다 나은 삶을 영위하는데 도움이 될 수 있도록 가장 쉬운 언어와 가장 쉬운 방법으로 풀이했다. 역학계의 대가 김봉준 선생의 역작이다.

·백우 김봉준 저

역산성명학
신비한 동양철학 ㉕

이름은 제2의 자신이다!

이름에는 각각 고유의 뜻과 기운이 있어서 그 기운이 성격을 만들고 그 성격이 운명을 만든다. 나쁜 이름은 부르면 부를수록 불행을 부르고 좋은 이름은 부르면 부를수록 행복을 부른다. 만일 이름이 거지 같다면 아무리 운세를 잘 만나도 밥을 좀더 많이 얻어 먹을 수 있을 뿐이다. 이 책의 저자는 신학대학을 졸업하고 역학계에 입문했다는 특별한 이력을 갖고 있기 때문에 더 많은 화제가 되고 있다.

• 역산 김찬동 저

작명해명
신비한 동양철학 ㉖

누구나 쉽게 배워서 활용할 수 있는 체계적인 작명법!

일반적인 성명학으로는 알 수 없는 한자이름, 한글이름, 영문이름, 예명, 회사명, 상호, 상품명 등의 작명방법을 여러 사례를 들어 체계적으로 분석하여 누구나 쉽게 배워서 활용할 수 있도록 서술했다.

• 도관 박흥식 저

동양철학전문출판 삼한

관상오행

신비한 동양철학 ⑳

한국인의 특성에 맞는 관상법 !

좋은 관상인 것 같으나 실제로는 나쁘거나 좋은 관상이 아닌데도 잘 사는 사람이 왕왕있어 관상법 연구에 흥미를 잃는 경우가 있다. 이것은 중국의 관상법만을 익히고, 우리의 독특한 환경적인 특징을 소홀히 다루었기 때문이다. 이에 우리 한국인에게 알맞는 관상법을 연구하여 누구나 관상을 쉽게 알아보고 해석할 수 있도록 자세하게 풀어놓았다.

· 송파 정상기 저

물상활용비법

신비한 동양철학 31

물상을 활용하여 오행의 흐름을 파악한다 !

이 책은 물상을 통하여 오행의 흐름을 파악하고, 운명을 감정하는 방법을 연구한 책이다. 추명학의 해법을 연구하고 운명을 추리하여 오행에서 분류되는 물질의 운명 줄거리를 물상의 기물로 나들이 하는 활용법을 주제로 했다. 팔자풀이 및 운명해설에 관한 명리감정법의 체계를 세우는데 목적을 두고 초점을 맞추었다.

· 해주 이학성 저

운세십진법 · 本大路

신비한 동양철학 ❶

운명을 알고 대처하는 것은 현대인의 지혜다!

타고난 운명은 분명히 있다. 그러니 자신의 운명을 알고 대처한다면 비록 운명을 바꿀 수는 없지만 충분히 향상시킬 수 있다. 이것이 사주학을 알아야 하는 이유다. 이 책에서는 자신이 타고난 숙명과 앞으로 펼쳐질 운명행로를 찾을 수 있도록 운명의 기초를 초연하게 설명하고 있다.

· 백우 김봉준 저

국운 · 나라의 운세

신비한 동양철학 ㉒

역으로 풀어본 우리나라의 운명과 방향!

아무리 서구사상의 파고가 높다하기로 오천년을 한결같이 가꾸며 살아온 백두의 혼이 와르르 무너지는 지경에 왔어도 누구나 입을 열어 말하는 사람이 없으니 답답하다. IMF라는 특수한 상황에서 불확실한 내일에 대한 해답을 이 책은 명쾌하게 제시하고 있다.

· 백우 김봉준

명인재

신비한 동양철학 43

신기한 사주판단 비법 !

살(殺)의 활용방법을 완벽하게 제시하는 책!

이 책은 오행보다는 주로 살을 이용하는 비법이다. 시중에 나온 책들을 보면 살에 대해 설명은 많이 하면서도 실제 응용에서는 무시하고 있다. 이것은 살을 알면서도 응용할 줄 모르기 때문이다. 그러나 이 책에서는 살의 활용방법을 완전히 터득해, 어떤 살과 어떤 살이 합하면 어떻게 작용하는지를 자세하게 설명하고 있다.

· 원공선사 지음

사주학의 방정식

신비한 동양철학 18

가장 간편하고 실질적인 역서 !

이 책은 종전의 어려웠던 사주풀이의 응용과 한문을 쉬운 방법으로 터득할 수 있게 하는데 목적을 두었고, 역학의 내용이 어떤 것이며 무엇이 어디에 속하는지를 알고자 하는데 있다.

· 김용오 저

원토정비결

신비한 동양철학 53

반쪽으로만 전해오는 토정비결의 완전한 해설판

지금 시중에 나와 있는 토정비결에 대한 책들을 보면 옛날부터 내려오는 완전한 비결이 아니라 반쪽의 책이다. 그러나 반쪽이라고 말하는 사람이 없다. 그것은 주역의 원리를 모르기 때문이다. 따라서 늦은 감이 없지 않으나 앞으로의 수많은 세월을 생각하면서 완전한 해설본을 내놓기로 한 것이다.

· 원공선사 저

내가 보고 내가 바꾸는 DIY사주

신비한 동양철학 40

내가 보고 내가 바꾸는 사주비결！

이 책은 기존의 책들과는 달리 한 사람의 사주를 체계적으로 도표화시켜 한 눈에 파악할 수 있고, DIY라는 책 제목에서 말하듯이 개운하는 방법을 제시하고 있다. 초심자는 물론 전문가도 자신의 이론을 새롭게 재조명해 볼 수 있는 케이스 스터디 북이다.

· 석오 전 광 지음

남사고의 마지막 예언

신비한 동양철학 29

이 책으로 격암유록에 대한 논란이 끝나기 바란다

감히 이 책을 21세기의 성경이라고 말한다. 〈격암유록〉은 섭리가 우리민족에게 준 위대한 복음서이며, 선물이며, 꿈이며, 인류의 희망이다. 이 책에서는 〈격암유록〉이 전하고자 하는 바를 주제별로 정리하여 문답식으로 풀어갔다. 이 책으로 〈격암유록〉에 대한 논란은 끝나기 바란다.

• 석정 박순용 저

진짜부적 가짜부적

신비한 동양철학 7

부적의 실체와 정확한 제작방법

인쇄부적에서 가짜부적에 이르기까지 많게는 몇백만원에 팔리고 있다는 보도를 종종 듣는다. 그러나 부적은 정확한 제작방법에 따라 자신의 용도에 맞게 스스로 만들어 사용하면 훨씬 더 좋은 효과를 얻을 수 있다. 이 책은 중국에서 정통부적을 연구한 국내유일의 동양오술학자가 밝힌 부적의 실체와 정확한 제작방법을 소개하고 있다.

• 오상익 저

한눈에 보는 손금

신비한 동양철학 52

논리정연하며 바로미터적인 지침서

이 책은 수상학의 연원을 초월해서 동서합일의 이론으로 집필했다. 그야말로 완벽하리만치 논리정연한 수상학을 정리한 것이다. 그래서 운명적, 철학적, 동양적, 심리학적인 면을 예증과 방편에 이르기까지 아주 상세하게 기술했다. 이 책은 수상학이라기 보다 한 인간의 바로미터적인 지침서 역할을 해줄 것이다. 독자 여러분의 꾸준한 연구와 더불어 인생성공의 지침서가 될 수 있을 것이다.

· 정도명 저

만세력 | 사륙배판·신국판
 사륙판·포켓판

신비한 동양철학 45

찾기 쉬운 만세력

이 책은 완벽한 만세력으로 만세력 보는 방법을 자세하게 설명했다. 그리고 역학에 대한 기본적인 내용과 결혼하기 좋은 나이·좋은 날·좋은 시간, 아들·딸 태아감별법, 이사하기 좋은 날·좋은 방향 등을 부록으로 실었다.

· 백우 김봉준 저

동양철학전문출판 **삼한**

수명비결

신비한 동양철학 14

주민등록번호 13자로 숙명의 정체를 밝힌다

우리는 지금 무수히 많은 숫자의 거미줄에 매달려 허우적거리며 살아가고 있다. 1분・1초가 생사를 가름하고, 1등・2등이 인생을 좌우하며, 1급・2급이 신분을 구분하는 세상이다. 이 책은 수명리학으로 13자의 주민등록번호로 명예, 재산, 건강, 수명, 애정, 자녀운 등을 미리 읽어본다.

• 장충한 저

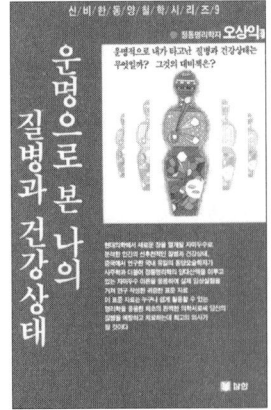

운명으로 본 나의 질병과 건강상태

신비한 동양철학 9

타고난 건강상태와 질병에 대한 대비책

이 책은 국내 유일의 동양오술학자가 사주학과 더불어 정통명리학의 양대산맥을 이루는 자미두수 이론으로 임상실험을 거쳐 작성한 표준자료다. 따라서 명리학을 응용한 최초의 완벽한 의학서로 질병을 예방하고 치료하는데 활용한다면 최고의 의사가 될 것이다. 또한 예방의학적인 차원에서 건강을 유지하는데 훌륭한 지침서로 현대의학의 새로운 장을 여는 계기가 될 것이다.

• 오상익 저

오행상극설과 진화론

신비한 동양철학 5

인간과 인생을 떠난 천리란 있을 수 없다

과학이 현대를 설정하여 설명하고 있으나 원리는 동양 철학에도 있기에 그 양면을 밝히고자 노력했다. 우주에 서 일어나는 모든 일을 과학으로 설명될 수는 없다. 비과학적이라고 하기보다는 과학이 따라오지 못한다고 설명하는 것이 더 솔직하고 옳은 표현일 것이다. 특히 과학분야에 종사하는 신의사가 저술했다는데 더 큰 화 제가 되고 있다.

· 김태진 저

사주학의 활용법

신비한 동양철학 17

가장 실질적인 역학서

우리가 생소한 지방을 여행할 때 제대로 된 지도가 있 다면 편리하고 큰 도움이 되듯이 역학이란 이와같은 인생의 길잡이다. 예측불허의 인생을 살아가는데 올바 른 안내자나 그 무엇이 있다면 그 이상 마음 든든하고 큰 재산은 없을 것이다.

· 학선 류래웅 저

쉽게 푼 주역

신비한 동양철학 10

귀신도 탄복한다는 주역을 쉽고 재미있게 풀어놓은 책

주역이라는 말 한마디면 귀신도 기겁을 하고 놀라 자빠진다는데, 운수와 일진이 문제가 될까. 8×8=64괘라는 주역을 한 괘에 23개씩의 회답으로 해설하여 1472괘의 신비한 해답을 수록했다. 당신이 당면한 문제라면 무엇이든 해결할 수 있는 열쇠가 이 한 권의 책 속에 있다.

· 정도명 저

핵심 관상과 손금

신비한 동양철학 54

사람을 볼 줄 아는 안목과 지혜를 알려주는 책

오늘과 내일을 예측할 수 없을만큼 복잡하게 펼쳐지는 현실에서 살아남기 위해서는 사람을 볼줄 아는 안목과 지혜가 필요하다. 시중에 관상학에 대한 책들이 많이 나와있지만 너무 형이상학적이라 전문가도 이해하기 어렵다. 이 책에서는 누구라도 쉽게 보고 이해할 수 있도록 핵심만을 파악해서 설명했다.

· 백우 김봉준 저

진짜궁합 가짜궁합

신비한 동양철학 8

남녀궁합의 새로운 충격

중국에서 연구한 국내유일의 동양오술학자가 우리나라 역술들의 궁합법이 잘못되었다는 것을 학술적으로 분석·비평하고, 전적과 사례연구를 통하여 궁합의 실체와 타당성을 분석했다. 합리적인「자미두수궁합법」과 「남녀궁합」및 출생시간을 몰라 궁합을 못보는 사람들을 위하여「지문으로 보는 궁합법」등을 공개한다.

· 오상익 저

좋은꿈 나쁜꿈

신비한 동양철학 15

그날과 앞날의 모든 답이 여기 있다

개꿈이란 없다. 꿈은 반드시 미래를 예언한다. 이 책은 프로이드의 정신분석학적인 입장이 아닌 미래판단의 근거에 입각한 예언적인 해몽학이다. 여러 형태의 꿈을 체계적으로 정리했으니 올바른 해몽법으로 앞날을 지혜롭게 대처해 보자. 모쪼록 각 가정에서 한 권씩 두고 이용하면 생활하는데 많은 도움이 될 것이다.

· 학선 류래웅 저

동양철학전문출판 **삼한**

완벽 만세력

신비한 동양철학 58

착각하기 쉬운 썸머타임 2도 인쇄

시중에 많은 종류의 만세력이 나와있지만 이 책은 단순한 만세력이 아니라 완벽한 만세경전으로 만세력 보는 법 등을 실었기 때문에 처음 대하는 사람이라도 쉽게 볼 수 있도록 편집되었다. 또한 부록편에는 사주명리학, 신살종합해설, 결혼과 이사택일 및 이사방향, 길흉보는 법, 우주천기와 한국의 역사 등을 수록했다.

· 백우 김봉준 저

周易·토정비결

신비한 동양철학 40

토정비결의 놀라운 비결

지금 시중에 나와 있는 토정비결에 대한 책들을 보면 옛날부터 내려오는 완전한 비결이 아니라 반쪽의 책이다. 그러나 반쪽이라고 말하는 사람이 없다. 그것은 주역의 원리를 모르기 때문이다. 따라서 늦은 감이 없지 않으나 앞으로의 수많은 세월을 생각하면서 완전한 해설본을 내놓기로 했다.

· 원공선사 저

현장 지리풍수

신비한 동양철학 48

현장감을 살린 지리풍수법

풍수를 업으로 삼는 사람들이 진(眞)과 가(假)를 분별할 줄 모르면서 24산의 포태사묘의 법을 익히고는 많은 법을 알았다고 자부하며 뽐내고 있다. 그리고는 재물에 눈이 어두워 불길한 산을 길하다 하고, 선하지 못한 물(水)을 선하다 하면서 죄를 범하고 있다. 이는 분수 밖의 것을 망녕되게 바라기 때문이다. 마음 가짐을 바로 하고 고대 원전에 공력을 바치면서 산간을 실사하며 적공을 쏟으면 정교롭고 세밀한 경지를 얻을 수 있을 것이다.

· 전항수 · 주관장 편저

완벽 사주와 관상

신비한 동양철학 55

사주와 관상의 핵심을 한 권에

자연과 인간, 음양(陰陽)오행과 인간, 사계와 절후, 인상(人相)과 자연, 신(神)들의 이야기 등등 우리들의 삶과 관계되는 사실적 관계로만 역(易)을 설명해 누구나 쉽게 이해할 수 있도록 썼으며 특히 역(易)에 대한 관심과 흥미를 갖게 하고자 인상학(人相學)을 추록했다. 여기에 추록된 인상학(人相學)은 시중에서 흔하게 볼 수 있는 상법(相法)이 아니라 생활상법(生活相法) 즉 삶의 지식과 상식을 드리고자 했으니 생활에 유익함이 있기를 바란다.

· 김봉준 · 유오준 공저

동양철학전문출판 삼한

해몽 · 해몽법

신비한 동양철학 50

해몽법을 알기 쉽게 설명한 책

인생은 꿈이 예지한 시간적 한계에서 점점 소멸되어 가는 현존물이기 때문에 반드시 꿈의 뜻을 따라야 한 다. 이것은 꿈을 먹고 살아가는 인간 즉 태몽의 끝장면 인 죽음을 향해 달려가고 있는 인간이기 때문이다. 꿈 은 우리의 삶을 이끌어가는 이정표와도 같기에 똑바로 가도록 노력해야 한다.

· 김종일 저

역점

신비한 동양철학 57

우리나라 전통 행운찾기

주역을 무조건 미신으로 치부해버리는 생각은 버려야 한다. 주역이 점치는 책에만 불과했다면 벌써 그 존재 가 없어졌을 것이다. 그러나 오랫동안 많은 학자가 연 구를 계속해왔고, 그 속에서 자연과학과 형이상학적인 우주론과 인생론을 밝혀, 정치 · 경제 · 사회 등 여러 방 면에서 인간의 생활에 응용해왔고, 삶의 지침서로써 그 역할을 했다. 이 책은 한 번만 읽으면 누구나 역점가가 될 수 있으니 생활에 도움이 되길 바란다.

· 문명상 편저

명리학연구

신비한 동양철학 59

체계적인 명확한 이론

이 책은 명리학 연구에 핵심적인 내용만을 모아 하나의 독립된 장을 만들었다. 명리학은 분야가 넓어 공부를 하다보면 주변에 머무르는 경우가 많아, 주요 내용을 잃고 헤매는 경우가 많다. 그러므로 뼈대를 잡는 것이 중요한데, 여기서는 「17장. 명리대요」에 핵심 내용만을 모아 학문의 체계를 잡는데 용이하게 하였다.

· 권중주 저

쉽게 푼 풍수

신비한 동양철학 60

현장에서 활용하는 풍수지리법

산도는 매우 광범위하고, 현장에서 알아보기 힘들다. 더구나 지금은 수목이 울창해 소조산 정상에 올라가도 나무에 가려 국세를 파악하는데 애를 먹는다. 그러므로 사진을 첨부하니 많은 도움이 되길 바란다. 물론 결록에 있고 산도가 눈에 익은 것은 혈 사진과 함께 소개하니 참고하기 바란다. 이 책을 열심히 정독하면서 답산하면 혈을 알아보고 용산도 할 수 있을 것이다.

· 전항수 · 주장관 편저

동양철학전문출판 삼한

올바른 작명법

신비한 동양철학 61

세상의 부모들에게 가장 소중한 것이 무엇이냐고 물으면 누구든 자녀라고 할 것이다. 그런데 왜 평생을 좌우할 이름을 함부로 짓는가. 이름이 얼마나 소중한지를. 이름의 오행작용이 사람의 일생을 어떻게 좌우하는지를 모르기 때문이다. 세상만물은 음양오행의 영향을 받지 않는 것이 없다. 봄이 가면 여름이 오고, 여름이 가면 가을이 오고, 가을이 가면 겨울이 오고, 겨울이 가면 봄이 오는 것 또한 음양오행의 원리다.

• 이정재 저

신수대전

신비한 동양철학 62

흉함을 피하고 길함을 부르는 방법

신수를 보는 방법은 여러 가지가 있는데 대부분이 주역과 사주추명학에 근거를 둔다. 수많은 학설 중에서 몇 가지를 보면 사주명리, 자미두수, 관상, 점성학, 구성학, 육효, 토정비결, 매화역수, 대정수, 초씨역림, 황극책수, 하락리수, 범위수, 월영도, 현무발서, 철판신수, 육임신과, 기문둔갑, 태을신수 등이다. 역학에 정통한 고사가 아니면 제대로 추단하기 어려운데 엉터리 술사들이 넘쳐난다. 그래서 누구나 자신의 신수를 볼 수 있도록 몇 가지를 정리했다.

• 도관 박흥식

음택양택

신비한 동양철학 63

현세의 운·내세의 운

이 책에서는 음양택명당의 조건이나 기타 여러 가지를 설명하여 산 자와 죽은 자의 행복한 집을 만들 수 있도록 했다. 특히 죽은 자의 집인 음택명당은 자리를 옳게 잡으면 꾸준히 생기를 발하여 흥하나, 그렇지 않으면 큰 피해를 당하니 돈보다도 행·불행의 근원인 음양택명당에 관심을 기울여야 한다.

· 전항수·주장관 지음

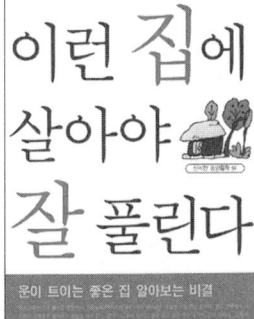

이런 집에 살아야 잘 풀린다

신비한 동양철학 64

운이 트이는 좋은 집 알아보는 비결

힘든 상황에서 내 가족이 지혜롭게 대처하고 건강을 지켜주는, 한마디로 운이 트이는 집은 모두의 꿈일 것이다. 가족이 평온하게 생활할 수 있는 집, 나가서는 발전을 가져다 줄 수 있는 그런 집이 있다면 얼마나 좋을까? 그런 소망에 한 걸음이라도 가까워지려면 막연하게 운만 기대해서는 안 된다. '호랑이를 잡으려면 호랑이 굴로 들어가라' 는 속담이 있듯이 좋은 집을 가지려면 그만한 노력이 있어야 한다.

· 강현술·박흥식 감수

동양철학전문출판 삼한

사주에 모든 길이 있다

신비한 동양철학 65

사주를 간명하는데 조금이라도 도움이 되었으면 하는 바람에서 이 책을 쓰게 되었다. 간명의 근간인 오행의 왕쇠강약을 세분해서 설명했다. 그리고 대운과 세운, 세운과 월운의 연관성과, 십신과 여러 살이 운명에 미치는 암시와, 십이운성으로 세운을 판단하는 방법을 설명했다.

・정담 선사 편저

사주학

신비한 동양철학 66

5대 원서의 핵심과 실용

이 책은 사주학을 체계적으로 공부하려는 학도들을 위해 꼭 알아야 할 내용과 용어를 수록하는데 중점을 두었다. 이 학문을 공부하려고 찾아온 사람들에게 여러 가지 질문을 던져보면 거의 기초지식이 시원치 않다. 그런 상태로 사주를 읽으려니 제대로 될 리가 없다. 이 책으로 용어와 제반지식을 터득하면 빠른 시일에 소기의 목적을 이룰 수 있을 것이다.

・글갈 정대엽 저

주역 기본원리

신비한 동양철학 67

주역의 기본원리를 통달할 수 있는 책

이 책에서는 기본괘와 변화와 기본괘가 어떤 괘로 변했을 경우 일어날 수 있는 내용들을 설명하여 주역의 변화에 대한 이해를 돕는데 주력하였다. 그러나 그런 내용을 구분할 수 있는 방법을 전부 다 설명할 수는 없기에 뒷장에 간단하게설명하였고, 다른 책들과 설명의 차이점도 기록하였으니 참작하여 본다면 조금이나마 도움이 될 것이다.

· 원공선사 편저

사주특강

신비한 동양철학 68

자평진전과 적천수의 재해석

이 책은 『자평진전(子平眞詮)』과 『적천수(滴天髓)』를 근간으로 명리학(命理學)의 폭넓은 가치를 인식하고, 실전에서 유용한 기반을 다지는데 중점을 두고 썼다. 일찍이 『자평진전(子平眞詮)』을 교과서로 삼고, 『적천수(滴天髓)』로 보완하라는 서낙오(徐樂吾)의 말에 깊이 공감한다.

청월 박상의 편저

동양철학전문출판 **삼한**

복을 부르는방법

신비한 동양철학 69

나쁜 운을 좋은 운으로 바꾸는 비결

개운하는 방법은 여러 가지가 있으나, 이 책의 비법은 축원문을 독송하는 것이다. 독송이란 소리내 읽는다는 뜻이다. 사람의 말에는 기운이 있는데, 이 기운은 자신에게 돌아온다. 좋은 말을 하면 좋은 기운이 돌아오고, 나쁜 말을 하면 나쁜 기운이 돌아온다. 이 책은 누구나 어디서나 쉽게 비용을 들이지 않고 좋은 운을 부를 수 있는 방법을 실었다.

· 역산 김찬동 편저

인터뷰 사주학

신비한 동양철학 70

쉽고 재미있는 인터뷰 사주학

얼마전까지만 해도 사주학을 취급하는 사람들은 미신을 다루는 부류로 취급되었다. 그러나 지금은 하루가 다르게 이 학문을 공부하는 사람들이 폭증하고 있는 것으로 보인다. 젊은 층에서 사주카페니 사주방이니 사주동아리니 하는 것들이 만들어지고 그 모임이 활발하게 움직이고 있다는 점이 그것을 증명해준다. 그뿐 아니라 대학원에는 역학교수들이 점차로 증가하고 있다.

· 글갈 정대엽 편저

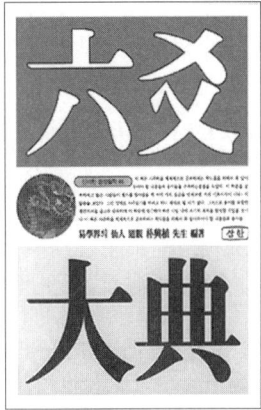

육효대전

신비한 동양철학 37

정확한 해설과 다양한 활용법

동양의 고전 중에서도 가장 대표적인 것이 주역이다.
주역은 옛사람들이 자연의 법칙을 거울삼아 인간이 생
활을 영위해 나가는 처세에 관한 지혜를 무한히 내포
하고, 피흉추길하는 얼과 슬기가 함축된 점서)인 동시
에 수양·과학서요 철학·종교서라고 할 수 있다.

· 도관 박흥식 편저

사람을 보는 지혜

신비한 동양철학 73

관상학의 초보에서 완성까지

현자는 하늘이 준 명을 알고 있기에 부귀에 연연하지
않는다. 사람은 마음을 다스리는 심명이 있다. 마음의
명은 자신만이 소통하는 유일한 우주의 무형의 에너지
이기 때문에 잠시도 잊으면 안된다. 관상학은 사람의
상으로 이런 마음을 살피는 학문이니 잘 이해하여 보
다 나은 삶을 삶을 영위할 수 있도록 노력해야 한다.

· 이부길 편저

동양철학전문출판 삼한

명리학 | 재미있는 우리사주

신비한 동양철학 74

사주 세우는 방법부터 용어해설 까지!!

몇 년 전 『사주에 모든 길이 있다』가 나온 후 선배 제현들께서 알찬 내용의 책다운 책을 접했다면서 매월한 번만이라도 참 역학의 발전을 위하여 학술세미나를 열자는 제의를 받았다. 그러나 사주의 작성법을 설명하지 않아 독자들에게 많은 질타를 받고 뒤늦게 이 책을 출판하기로 결심했다. 이 책은 한글만 알면 누구나 역학과 가까워질 수 있도록 사주 세우는 방법부터 실제 간명, 용어해설에 이르기까지 분야별로 엮었다.

• 정담 선사 편저

성명학 | 바로 이 이름

신비한 동양철학 75

사주의 운기와 조화를 고려한 이름짓기

사람은 누구나 타고난 운명, 즉 숙명이라는 것이 있다. 숙명인 사주팔자는 선천운이고, 성명은 후천운이 되는 것으로 이름을 지을 때는 타고난 운기와의 조화를 고려함이 중요하다. 따라서 역학에 대한 깊은 이해가 선행되어야 함은 지극히 당연한 일이다. 부연하면 작명의 근본은 타고난 사주에 운기를 종합적으로 분석하여 부족한 점을 보강하고 결점을 개선한다는 큰 뜻이 있다고 할 수 있다.

• 정담 선사 편저